正义的回响

陈碧 著

云南出版集团
云南人民出版社

果麦文化 出品

序:一滴水如何能够不干涸

罗 翔

陈老师是法大的同事,也是我们读书会的发起人,在很大程度上,她也是我写作的引路人。

为本书作序,我感到了前所未有的压力。不知道该写些什么,又觉得有太多东西可以写。所以,这篇序言我写了很久。每次她问我序写好了吗?我都会重启,然后抛出一个开头。

最初的序言开头是:"在一个百无聊赖的午后,我肚子里填满了碳水化合物。正在琢磨是沉溺于低级快乐还是更低级快乐时,一位朋友发来微信,问我序写好了吗?"

陈老师回复道:这样写很好,就是要写成闲聊家常。但后来我觉得不严肃,就没有了下文。

数月之后,她追问我,序怎么还没写好。我又抛出了一个开头:"这是我第一次给人写序,不免有些惶恐不安。我从未请人作序,也从未给人作序。前者是因为我的孤僻,后者则是我自知不配。我是一个非常浅薄的人,只是因为命运之手把我高举。朝为荣华,夕而憔悴。当我们想抓住自己所不配拥有的一切,那么一定会等来命运的嘲笑,愁悴总会突如其来。"

陈老师这次回复说:"能不能写点新鲜的,感觉像个被命运宠爱的贵妃,分分钟都觉得要被打入冷宫。你还是直接写点往事吧。"

我接受了她的建议,准备直接回忆往事,毕竟记忆中有许多美好的时刻,足以安慰逝水流年的虚无。

我一直很害怕写作,从小学到博士毕业,写作从来都是我的短板。无论是小升初,还是高考,我都非常害怕作文。印象中我人生中第一次感觉写了一篇前所未有的好文章,结果却没有及格,那一次是公务员考试的申论写作。

直到我遇到了陈老师。

我们是在学校班车上认识的,不知怎么聊到当时一个热播电影,男主饰演的正派人物居然引用了反派一号的诗词。不知是导演的无知还是刻意,总之这段台词呈现出一种巨大的荒诞,让人反思对于历史人物的脸谱化是否合适。

我们当时争论的另外一个焦点是:文如其人是否也是一种过于匆忙的简单化。

值得一提的是,多年以后,那位总是饰演正派人物的男演员也深陷丑闻,名誉扫地。人性总是这么复杂。

陈老师告诉了我她的天涯博客号。我才发现陈老师是博客大家,正在连载小说。我很欣赏她的文字,前所未有的简洁与干净,与我的矫揉造作与文笔艰涩有天壤之别。

所以,我向她请教如何写作。

她说很简单,第一步就是把嘴里想说的写出来就可以,所谓我手写我口，很多文学家都是口授，比如陀思妥耶夫斯基。

第二个步骤就是我手写我心，把心里想的写出来。这个比较难，需要长时期的训练。

第三个步骤就是我手写你心，把别人心中想说又无法说出来的写出来，这个可能就需要天赋了。

对于大部分人而言，能够做到我手写我口就非常不易了。陈老师建议我多写多练，不要受学术功利主义的腐蚀。

多年以后，当我提起这段往事，陈老师却认为写作三步骤的说法太过形而上，不像她的说话风格，认为属于我的加工创作。这种谦让符合陈老师的性格，不想独占智慧，只想分享智慧。所以，我也对很多朋友分享过这三步骤。

陈老师当年翻译了一本小说，还写了一本有关律师的普法读物。在我看来，这简直属于自废学术武功，浪费时间。

我只想学习陈老师的写作技巧，并不欣赏她自我放逐的学术追求。

我在追求学术功名的道路上一路狂奔，因为有太多的浮华令人心动，太多的学术头衔可以追逐。我一直相信只要自己足够努力与钻营，就能挤进一个又一个令人艳羡的小圈子。

在追名逐利的道路上，我变得越来越傲慢与愤怒，我觉得自己获得的一切都是努力的结果，自己未能得到的荣誉则是黑箱操作，嫉贤妒能。

我得到的越来越多，却越来越不快乐。

后来我在校园中多次遇到陈老师，每次我们都会交流最近看过的书籍和电影。陈老师建议，不如我们办一个读书会，找一群朋友，一起读读书，让自己的心能够变得宁静。

第一次读书会好像在外交学院旁边的一个茶馆，当时阅读的书籍是马克斯·韦伯的《新教伦理与资本主义精神》。在讨论过程中，韦伯所叙述的天职观对我有极大的触动，让我反思自己的教师职分是否名不副实，"专家没有灵魂，纵欲者没有心肝"，书籍结尾韦伯的这句话如同一把榔头重击着我的心脏。

后来我们还读过很多书，喝过很多茶，但是大部分书名都忘了。

我期待着一种人生观的掉转，很感恩命运之手神秘莫测的指引。

在我最热衷学术功名，对于职称志在必得的时候，我一而再，再而三地被淘汰出局。我不止一次地想要离开法大，虽然也不知道要去哪。当时读书会讨论的主题是：如果我们一辈子都是讲师，能否从容尽职地做好一名老师。我们彼此打气，努力说服自己要做一个尽职尽业的老师。

命运的带领让我慢慢地放下了自己最初的雄心壮志，希望对专业的追求不至于以放弃灵魂为代价。

那一年外公离世，临终前他嘱咐我"自卑视己，切勿狂妄自大"。当我守在病房，陪伴外公走过人生最后的旅途，我突然接到电话，告诉我职称评定即将开始，让我好好准备。

我感到一种巨大的荒谬，觉得自己先前看重的一切原来如此可笑。

智者说，名气总青睐追逐那些并不愿意追求它的人。

回到学校之后，听说陈老师也报名参加职称评定。我不想和朋友竞争，所以准备放弃申报。但陈老师对我说，你太虚伪了，放弃只是为了表明自己的清高，公平竞争，尊重规则，看得太重和看得太轻都是矫情。

我接受了陈老师的建议,结果后来多了一个名额,我们分属不同专业,没有竞争,各自晋升。

多年以后,我再一次参与一次学术评定。在答辩过程中,我引用了爱比克泰德说的"我们登上并非我们所选择的舞台,演出并非我们所选择的剧本"。意思是无论如何都希望能够把"教师"这个剧本演好。当时有一位评委问我,看来你并不看重这次评选。于是我把陈老师的话重复了一遍——看得太轻和看得太重可能都不正常。无论是否入选,我都希望自己能够继续做好一名老师,宠辱不惊,从容笃定。

后来,我因为莫名其妙的原因成为网络红人,虚荣心得到了极大的膨胀,每当我傲慢或者沮丧的时候,陈老师和读书会的朋友总是适时出现,帮我从狂热与悲情中恢复常态,我感恩命运赐予我这份难得的友谊。

可能很多朋友都听我说过火车奇遇。当我深陷网暴漩涡,非常郁闷,借酒浇愁,第二天却在去南方的火车上神奇地偶遇陈老师。因为疫情原因,我们已经很久没有见面。她知道事件经过后安慰我说:"在你享受他人不切实际赞誉的时候,你就要接受他人不切实际的批评,过高的赞美和过度的批评都是误解,误解从来都是人生常态。"

有时朋友的一句话就可以让你从黑暗中走出,让你释然,人生没有偶遇,只有必然。

读书会已经停办了很多年,但是读书会的很多朋友都开始从事普法写作,让法治的专业知识走进千家万户,严肃的专业知识并不必然曲高和寡。这让我知道自己所从事的事业并不孤独，每个人并不需要获得太多人的认可，你最在乎的那几个人的认可才是最大的认可。

形式上的读书会已经不再继续，但是实质上的读书活动依然在进行。如果读书不能体现为真实的行动，那么读书可能只是一种自我安慰与欺骗。

在陈老师的这本新书中，读者可以看到法治温情脉脉的一面，它守护着你的财产、自由和生命，让你在这个不确定的时代拥有相对的确定性。同时，这本书也试图告诉我们，不要追求最好的选择，人性的幽暗会让所有看似美善的事业蒙上灰尘，以至事与愿违。法治只是一种相对较好的次优选择，不要用最好去拒绝较好，否则往往出现最坏的结果。

感谢朋友们的互相支持与鼓励，让我们在职业中可以体会人生的意义。心音为意，日立为音，这种心中的声音提醒我们向阳而生，光辉烈烈。

意义是一个现在进行时（meaning），一旦我们终结对意义的思考，人生也就难免卑劣与刻薄（mean），工作也迟早成为一种折磨。

有人问智者："一滴水如何能够不干涸？"

智者说："把这滴水放入大海。"

在群体中，我们不孤独、不虚无、不干涸。

源源不断的滴水之力，必将穿石。

序：书写是记录，也是责任

赵 宏

陈碧老师是我多年的好友。我们年轻时和罗老师一起组建读书会，之后又都为澎湃"法治的细节"和凤凰"风声"等法治栏目写作。当时为鼓动我进行公共写作，罗翔老师说，写作的最高境界就是我手写我心，你已经达到了，既然上帝赋予你这项才能，你就负有使命去书写。我被好友的褒奖蛊惑，欣然投身公共写作。被同时拉入集体写作小组的还有陈老师。某日我俩一起喝咖啡，说起为何要参与公共写作，她也说是因为罗老师夸她可以"我手写我心"，两人对视大笑，感慨即使是罗老师也难逃"渣男"的一贯套路。

但讥笑归讥笑，我和陈老师都很感谢罗老师。年轻时他组织我们读书，虽然很多烧脑的书我俩只是去凑个热闹，全程呆坐着看罗翔和施展两位大神"吵架"，但不得不说，这个读书会的确在某种程度上塑造了我们的阅读品味；中年时一起进行公共写作，似乎又让我们在鸡零狗碎的生活之外，重新寻获修习法律的意义和对抗虚无的方式。有时想，我们集体写作小组的几人从读书时到"青椒"期再至中年,仍旧能保持弥足珍贵的友谊,除了因缘际会,大概还有个原因,就是无一例外都还保留着理想主义的因子,都很容易被普通人的不幸触动,也都不接受不公就是寻常,所以都愿意身体力行尽到法律人的责任和本分。记得陈老师第一本书《谁为律师辩护》的作者介绍写的就是"理想主义者一枚"。大概也因为人至中年仍旧怀抱中二一般的理想主义,每次闲聊时看着她的脸,都会感觉怎么会有人活得如此生气勃勃。

尽管陈老师一再警告让我不要在序言中夸赞她,但在我们法治组的几人中,她的文字的确是最自由洒脱的。罗翔说她的文字没有被规训过的痕迹,我是觉得她的文字没有学术文的酸腐气和塑料味,而我们这些常年写学术论文的多多少少都难逃这些恶癖。澎湃"法治的细节"主编单雪菱总结我们的写作风格,说得十分贴切:罗翔的套路是从案件至法条再至法理,最后上升到政治哲学,而结尾一定是"惟愿公平如大水滚滚,使公义如江河滔滔";我在上面的递进式写法之后,十有八九会加一段村上春树的名言煽情;而陈老师则被雪菱誉为法治组的黄药师,作为出众的故事小能手,她很少释讲复杂的法理,也几乎不炫耀专业术语,而是用法的一条线串起古今中外的案件,最后在闭环结颗佛头母珠。总之就是写得出其不意,读来每每让人兴趣盎然。

陈老师不仅是故事小能手,还是我们法治组的金句王和标题Queen。我最喜欢读她文章的结尾,真的是从没让人失望过。记得江某案判决即出,她唰唰两个小时就写出"虽然凶手已经按照日本法律得到了应有的惩罚,但是被救助者呢,为了自保置江某的生命安全于不顾,她活下来了,就可以当什么都没有发生过吗？太阳照样升起，马照跑，舞照跳？这不公平！""死不能复生，自由和生命的代价也无法补偿，但正义到来的那一刻，活着的人可以擦掉眼泪了"；她写罗伊案的结尾更让人心襟荡漾，"当有人以一些宏大的理由，将女性排除在自我决定的权利之外，那么她们确实应该大声告诉这个世界：谢谢，这是宪法权利，这不容代劳！为此，值得向永劫挑战。"收到她的稿件，我常常惊叹，这些神来之笔究竟是如何这么快就蹿到她脑中的。

因为在标题和结尾上表现得太过天赋异禀，我们法治组的其他人在写完文章时都常常直接艾特"标题 Queen"给自己的文章命名，有时我自己写了文章感觉结尾缺点"砰砰砰"时，也会把收尾工作直接甩给陈老师。我有一篇关于健康码的文章，陈老师看后觉得力度不够，给我加了句"人不是行走的健康码、喘气的核酸报告"，立马让文章看起来豪气干云。

虽然长得妩媚动人，陈老师却是我身边最有勇气的女性之一。在法治组，我和她的合作最多，很大一部分原因是拉她壮胆。记得有次一名上海女教师因课堂言论被学生举报而面临停职，"风声"的主编约我写评论。我虽然厌恶举报但同为老师还是心有忌惮，犹豫间陈老师说："这有什么，你写实体我来续上程序，不能任由举报如此泛滥。"于是就有了我俩合作的第一篇评论《法律该如何对待举报》。河南郑州储户被赋红码事件发生后，我俩一个写健康码的机理与规制，另一个写随意赋红码的刑事责任，合作出《谁对河南维权储户赋红码？或已构成滥用职权罪》一文。那天编辑着急用稿，我从下午写到傍晚发给陈老师接力，她正赴场饭局，我性急晚间不停催她回家续稿，她气定神闲地回复："你安心睡觉，我晚上回去一准儿给你写完。"我们常说，勇气是这个时代最稀缺的品质。我有时会因文章而被人夸赞富有勇气，但很多时候这些勇气其实都来自陈老师还有法治组其他小伙伴的背后撑腰。

古谚道"朋友是镜子"，这句话用来形容陈老师最合适不过，而且她还是高级又有趣的那种。她从不直接批判我，但每每都让我窥见自己的偏见。有次我俩一起写《开端》里锅姨的公车爆炸案，我延伸写到这种无差别杀人案的发生不能简单归因，至少该去探究犯罪人背后到底经历了什么故事，才导致他做出如此暴戾的选择。但陈老师却说，人永远是有选择的，苦难不能成为软弱甚至罪恶的理由。这句话当时在我心头一震，后来更被我写入另一篇评论僵化执法的文章中。刘某州寻亲自杀案发生后，我约她写评论，不停地说这孩子真惨，网暴者太恶劣，但她却写这件事的启示或许还有，网络绝非我们寻求同情或正义的避难所，真正的理解只能来自真实的人际关系，来自内心和爱。

除了合作我俩还经常会就同一个主题写作，印象最深的就是"天某案"和"江某案"。前者是我投入了很多感情，作为一个艺术爱好者，所以一写艺术自由就很容易激情澎湃，但那篇文章她浇了不少凉水，她还揶揄很多耽美作品都有提升空间；后者是她因为赞颂江妈是个彪悍的战士，也一并觉得判决书当然也要有必要的人性化和个人性，我却觉得法律和道德要适度分离，司法对道德的回应，应通过规范和解释的过滤，应转换至法律的语境之下，而不应过于直接和积极。虽然意见常常并不一致，但和她争鸣永远是快乐的，因为有真实的碰撞和回响。

陈老师要将最近几年的文章结集出版,我好像比所有读者都更兴奋。因为在罗翔老师网络爆红而渐渐淡出法治组的管理后,我因为突然而至的使命感慢慢成为负责约稿组稿的组长,甚至常常僭越主编的权力直接给陈老师布置任务。在收到她的稿件后也总想,这人写得这么好真应该多写。所以,作为陈老师的首席粉丝,我诚挚地向读者推荐这本评论集,尽管其中的每一篇我都曾仔细读过,但每次重新再读依旧会有很大震动。她让我觉得很多问题都值得以自身的力量认真感受和思考,很多目标虽然困难重重却仍旧有意义去追求。

互联网的记忆是短暂的,很多事情发生时舆情喧嚣,但不出一周就基本会淡出公众视线。就像我们上次聚餐时还说起的铁链女,当时事件曝光时几乎全网关注,我们法治组的每个人都为此案写了评论,可现在又还有谁关注她的下落呢?所以书写是一种记录,它让我们永远不要忘却那些曾被侮辱和被伤害的普通人。而作为专业的法律人,为这些普通人书写同样是一种责任,因为他们的命运和我们联结在一起。陈老师在跟我合写的《费洛米拉的锦缎》结尾写道:"如果假装看不到悲剧,假装听不到哭声,只看到漫天烟花,只看到繁华盛世,那我们才是真正的精神分裂者。"我庆幸身边有像陈老师这样共同书写的朋友,也希望读者能像我一样欣赏和珍视她的书写。

目 录

第1章 判决书的正义

002　一封判决书的正义
008　并非亲爱的——写在寻亲男孩遗言后面
014　养育之恩,能否消除买卖儿童的罪责?
020　为救孩子,父母成了"毒贩"
025　天下无诈:帮信罪与推定"明知"
032　网络时代的敲诈勒索:猎罪与深渊
039　官方通报何以引发舆论热议

第2章 这个世界有神奇女侠吗?

046　"买妻"是人性之恶,刑罚不宜过度宽松
051　与恶魔同床

057　家庭中的冷暴力也是暴力
063　我们理应配得上这样的安全和自由
068　从现在起，做正确但不容易的事
074　这个世界有神奇女侠吗？
081　凶兆：谁来拯救罗伊案？
089　黑人女法官的诞生

第3章　为"坏人"辩护

098　我恨这个案件
106　"他们不让我活，我也不让他们活"
112　职业打假人偏爱捏"软柿子"吗？
118　好律师还是好人

第4章　在法治中追求正义

126　被害人已经等得太久：追凶与时效
134　生还是死：弑母者的结局
142　在精神病的面具背后

150 法律该如何对待举报

158 取保候审为什么这么难

164 逮捕之后是什么?

169 沉默权的沉默

175 审讯中警察骗供是否合法?

181 是什么在喂养网暴怪兽?

第5章　律师之道

188 刑事律师,必需品还是奢侈品?

195 律师、演员与媒体

202 被法官批评的律师

206 律师不是完美的职业,但不可替代

211 死亡敲门与造雨者

218 **后记**

第 1 章

判决书的正义

法律应该有强大威力,
可以无远弗届,可以虽远必诛,
但它同时也要有温度,
要符合社会大众对最基本道德底线的期待。

一封判决书的正义

2022年1月10日,江某妈妈终于等到了青岛市城阳区人民法院的一审判决。在她起诉刘某曦(原名刘某)生命权纠纷案中,法院判处被告赔偿江某妈妈经济损失和精神损害抚慰金近70万元,并承担全部案件受理费。

在判决中,法院指出,江某作为一名在异国求学的女学生,对于身陷困境的同胞施以援手,给予了真诚的关心和帮助,并因此受到不法侵害而失去生命,其无私帮助他人的行为,体现了中华民族的传统美德,与社会主义核心价值观和公序良俗相契合,应予褒扬,其受到不法侵害,理应得到法律救济。刘某曦作为江某的好友和被救助者,在事发之后,非但没有心怀感恩对逝者亲属给予体恤和安慰,反而以不当言语相激,进一步加重了他人的伤痛,其行为有违常理人情,应予谴责。

这几句话简单说理,没有煽情,却让人为之动容、潸然泪下。自2016年11月江某在东京因帮助刘某曦引来杀身之祸后,江某妈妈承受了巨大的伤痛。当她向被救助者寻求安慰的时候,得到的是推诿、回避和否认,甚至还有更恶劣的刺激性言论。不仅是江某妈妈,包括所有善良的人,都在问一个问题:江某死得值不值?她究竟救了一个什么样的人?这是不是现代版的农夫与蛇?虽然凶手已经按照日本法律得到了应有的惩罚,但是被救助者呢,为了自保置江某的生命安全于不顾,她活下来了,就可以当什么都没有发生过吗?太阳照样升起,马照跑,舞照跳?这不公平!

五年多以来,江某案一直被舆论关注,江某妈妈憔悴绝望的眼神牵动了无数人的心。而此刻法律终于彰显出巨大的安抚和指引作用。判决书写道,扶危济困是中华民族的传统美德,诚信友善是社会主义核心价值观的重要内容。**司法裁判应当守护社会道德底线,弘扬美德义行,引导全社会崇德向善**。在判决书的字里行间,我们感受到的不是纷繁的舆论情绪,而是民意背后的积极取向,司法裁判的合法性与合理性、可预测性与正当性、形式正义与实体正义、法律效果与社会效果之间达到了完美的结合。这让我们看到了判决背后的法官,如德国法学家黑克(Heck)所言,他既不能是在立法者面前无条件顺从的仆人,也不能是为实现正义哪怕天崩地裂的冒险者,而是小心翼翼、谨慎冷静地在规则与价值之间来回穿梭和调和的有思考的服从者。

在过去的三十年间,我们从大众司法转向专业司法,实现了从"司法的广场化"到"司法的剧场化"的转变。在司法的广场中,人们没有身份和空间间隔,能够自由表达意见和情绪,可以直接表达我们的痛恨和厌恶,最突出的表现形式是公审、游街、示众。当法庭成为"剧场表演"的重头戏时,司法与公众保持了距离,促进了法律活动的技术化和专门化。但是,剧场表演的倾向,重逻辑而轻说理的倾向，使得这种专业司法很大程度上沦为看不懂的正剧或哑剧，甚至有时还被观看者误会了法律的本意。

彭某案可能就是一个例子。十五年前的彭某案及其一审判决书曾引起社会和法学界的广泛争议。本案的事实简单到一句话就可以归纳完毕：2006年11月20日上午，在南京市水西门公交车站等车的老太太徐某兰，在前往乘坐位置靠后的公交车时，与从前一辆公交车后门第一个下车的被告彭某相撞了。但是，本案判决书却引发巨大的社会"裂痕"。法官在认定双方均无过错之后，根据公平责任合理分担损失，判决书认为，"公平责任是指在当事人双方对损害均无过错，但是按照法律的规定又不能适用无过错责任的情况下，根据公平的观念，在考虑受害人的损害、双方当事人的财产状况及其他相关情况的基础上，判令加害人对受害人的财产损失予以补偿，由当事人合理地分担损失。根据本案案情，法院酌定被告补偿原告损失的40%较为适宜"。实际上，除了认定双方均无过错之外，法官直接给出了分配结果，对于分配理由或者衡平考虑的个案情形则只字不提。公平是美德，善良难道不是美德？这个问题，一直都盘桓在很多人心中。

2006年的人们不会想到，这个案件在舆论场上引发了分裂的言论对决，进而产生了案件参与人最初无法预料的对社会道德认知与行动的深远影响。至今，我们法律人都应当反思彭某案背后的判决书表达策略，以便在将来遭遇类似案情时能有更为成熟的解决方案。

法律固然应当理性、客观和中立，判决书固然理当分析过错程度、因果关系、事实和证据，但情理、价值观与法律的交融，判决书中必要的人性化、个性化，才是人民需要的也能理解的司法判决。江某妈妈诉刘某曦的判决书的充分说理，引入了公序良俗，引入了社会主义核心价值观，使得司法裁判从仅仅是"看得见的正义"转变为"说得出的正义"。从这个角度说，"司法的剧场化"与"司法的广场化"，似乎也并不存在谁比谁更正当一些，而是在个案中实现了融合。

对于判决书的写法，以罗马法为基础的大陆法系国家尊崇法律上的逻辑推理，并且要求法官严格按照法典的规定进行审判，其论证过程讲究逻辑严谨和简洁。同时，由于没有遵循先例制度，大陆法系的法官缺乏热情和动力去制作说理充分的判决书，考虑的受众一般仅限于当事人、特定公众和上级法院。

而对英美法系国家的法官来说，因遵循先例的传统，**一个具备良好法律推理和解释的司法判决，具有长久法律力量**。因此其判决理由的受众也就较为广泛，包括当事人、公众、可能遇到同类案件而受约束的法院、上级法院、学界以及整个国家，甚至还有我们这些外国法律同行。因此，在美国的判决中，我们经常可以找到闪闪发光的金句。比如1961年吉迪恩诉温莱特案（Gideon v. Wainwright），联邦最高法院的意见是由胡果·L. 布莱克（Hugo Lafayette Black）大法官撰写的，辞藻华丽，流传甚广。布莱克法官写道，在刑事法庭中，律师是必需品而非奢侈品。在刑事司法对抗制中，被控有罪的穷人在面对起诉时如果没有律师帮助，就不能保证得到公正的审判。最高法院有一个"高贵的理想"：通过让每个被告人平等地站在法律面前，确保中立法庭能够提供公平的审判。在1971年科恩诉加利福尼亚州案（Cohen v. California）中，哈伦大法官在判决书中写下了令人赞叹的判词：

"一个人的粗话，可能是另一个人的抒情诗。"他写道："宪法保护的表达自由权利，或许会导致各类不和谐之声不绝于耳，有时甚至会有一些冒犯性的言论。但是，在既定规范之下，这些仅是扩大公共讨论范围导致的一点点副作用罢了。容许空气中充满不和谐的声音，不是软弱的表现，而是力量的象征。"

法律并非纯粹的理性，其最大的功能在于指引。我们期待有力量的判决，既有法律逻辑，也有人性的关照。近年来我国各地法院在判决书的说理上做出了一些尝试。比如2016年上海浦东新区法院援引了古诗"千里家书只为墙，让他三尺又何妨。万里长城今犹在，不见当年秦始皇"。2014年惠州市惠阳区人民法院的一份刑事判决书里有这样的句子："对于一个穷孩子来说，一份从天而降的钱财对他来说意味着什么？我们不能苛求每个公民都有同等的道德水准和觉悟……被抓获之后，被告人全部清退所有的款项，我们觉得，这个孩子还心存良知。"除此之外，法律共同体之间的一句感谢也让人泪点降低。2021年9月，北京华一律师事务所屈振红律师向临夏市人民政府提出关于临夏市在重点公共场所"二码联查"措施[1]的合法性审查，司法局发函正式回复该通知已被废止，最后还有一句"感谢你们对我州法治政府建设工作的监督和支持"。老实说，看到这句平淡无奇的话，作为一个打酱油的律师，我感觉这些努力都是

---

[1] 临夏市疫情防控指挥部2021年颁布的《关于在全市重点公共场所开展新冠肺炎疫情防控"二码联查"的紧急通知》文件中要求，对于进入全市政务大厅、汽车站、宾馆住宿、学校等重点场所的人员，由工作人员查验其疫情防控码，对显示没有接种新冠疫苗的人群禁止进入。文件正式执行日期为2021年8月20日。

值得的。

有时候，当事人执着的就是一个说法，被害人死不瞑目就在于那一句"我终究是错付了吗"，而活着的人也始终在为此煎熬。死不能复生，自由和生命的代价也无法补偿，但正义到来的那一刻，被害人得到安慰的那一刻，善良得到抚慰的那一刻，活着的人可以擦掉眼泪了。江某妈妈不再只是"妈妈"，她还要是"自己"。在过去的这段日子里，她一直在为死去的女儿而活。从今天开始，她要为自己而活。

这句话也送给那些一直在寻找正义的人。海明威说这个世界很美好，值得我们为它奋斗，而我，同意后半句。

2022年2月16日，山东省青岛市中级人民法院二审公开开庭审理江某母亲江某莲与刘某曦（原名：刘某）生命权纠纷案，并于2022年12月30日作出二审判决：驳回上诉，维持原判。

并非亲爱的——写在寻亲男孩遗言后面

据媒体报道，2022年1月24日凌晨，河北邢台寻亲男孩刘某州在三亚海边服药自杀，四点多抢救无效死亡。他留下一篇长微博，描述了自己的一生。幼时被亲生父母卖掉，四岁时养父母又意外死亡，艰难环境下刘某州跟着姥姥姥爷长大，后来寻亲成功找到了亲生父母，但是却没有实现想象中的团圆。他奋力主张无果，因为难以忍受血亲和网络世界的恶意伤害，最终放弃了自己的生命。

作为一个法律工作者，我读完了刘某州的微博并决定认真回复，希望给那些与刘某州有着相似经历和命运的人提供法律意见，同样使他们获得对人生境遇的不同观察视角。

拐卖亲生子女的法律责任

先来看看刘某州亲生父母的法律责任。如刘某州在微博所写，2006年其亲生父母将其或"送"或"卖"给了陌生人。2010年最高人民法院、最高人民检察院、公安部、司法部出台了《关于依法惩治拐卖妇女儿童犯罪的意见》,其中第16条明确规定,**以非法获利为目的,出卖亲生子女的,应当以拐卖妇女、儿童罪论处,同时要严格区分出卖亲生子女与民间送养行为的界限。**

区分的关键在于行为人是否具有非法获利的目的。在判断属于"卖"还是"送"时应考虑如下问题:(1)生父母是否以生育为非法获利手段,产子后随即出卖。(2)是否明知对方不具备抚养目的或者不在意对方的抚养目的。(3)是否收取明显高于营养费、感谢费的巨额钱财。(4)是否具有其他情形足以判断生父母具有非法获利目的等。通常对迫于生活困难,或者受重男轻女思想影响,私自将没有独立生活能力的子女送给他人抚养,包括收取少量"营养费""感谢费"的,属于民间送养行为,不能以拐卖儿童罪论处。但对私自送养导致子女身心健康受到严重损害,或者具有其他恶劣情节,符合遗弃罪特征的,可以遗弃罪论处;情节显著轻微危害不大的,可由公安机关依法予以行政处罚。

因此,父母出卖亲生子女是可以构成拐卖儿童罪的,但必须以非法获利为目的。刘某州生父母的行为定性如何,就要从他们在2006年的各种客观表现综合判断。根据刘某州描述,养父母当时准备出资27000元,但生父母却称收几千元后将刘某州"送养",且生父母表示并不知道中间人是人贩子。判断生父母是否构成犯罪,首先应当判断生父母的主观意图,是为了非法获利,还是迫于生活困难等原因送养孩子。这一点只能"观其行"很难"听其言",因为大部分人都会说是为孩子找个好人家,但是身体是诚实的,手里是要收钱的,毕竟给钱多这件事本身就能证明买主的经济条件;其

009

次，分析生父母的收费是否属于合理的"营养费""感谢费"，要参照当地生活水平、经济水平进行判断；再次，生父母是否尽到合理注意义务，是否切实观察收养方具有收养能力和抚养孩子的意愿等；最后，是否履行了收养登记。这其中最重要的分析指标就是生父母收取的费用金额是否能够证明他们的获利目的。

与传统的犯罪方式相比，出卖亲生子女具有一定的隐蔽性，即使被发现也可以通过"民间送养"来逃避法律制裁。这种名为"送养"实为"买卖"的行为，司法机关在认定"获利目的"时参考的数额既有几千元也有几万元，所谓"少量的营养费或感谢费"在法律上并没有一个相对明确的规定，以至于在定罪时不能有效地把握定罪的标准和量刑的范围。因此，在衡量收取"营养费"和"感谢费"是否属于数额巨大时，要进行严格的界定和解释，应该根据当地经济条件、被告家庭情况，以及抚养婴儿的平均支出等多种因素进行衡量，避免将其作为逃避刑事责任的借口。

翻阅网上的判决书，我发现实际情况中亲生父母出卖子女的原因主要有三个：第一，以生育作为牟利的手段，对这一行为只能评价为人性黑暗起来没有底线；第二，未婚生育或非婚生育，行为人大多是在怀孕之后发现自己没有抚养能力或者没有抚养意愿，通过网络渠道或者找中间人居间介绍将孩子送养。送养的原因有的是自己不便抚养，有的是女性怕带着孩子对结婚或再嫁或声誉有不好的影响，有的是和配偶感情不和存在矛盾产生了将儿童卖出的想法；第三，确因经济条件差无力抚养。

同其他拐卖儿童犯罪相比，父母出卖亲生子女的行为具有一定的特殊性，司法实践中处理此类犯罪往往量刑畸轻，并不能实现对犯罪行为的有效震慑。我理解个案中对出卖亲生子女的行为人量刑轻于出卖非亲生子女的行为人的原因，在于法院额外考虑了出卖原因或父母的难言之隐，但这并不意味着法律就允许父母把亲生子女当作自己的衍生物随意处置。若确系以非法获利为目的出卖自己的亲生子女，置血肉亲情于不顾，将子女作为商品进行买卖，毫无疑问是人类自私本性的极致体现，其社会危害性不亚于其他暴力性犯罪，绝不应姑息。

再说到刘某州的养父母。2015年《中华人民共和国刑法修正案（九）》(简称《刑法修正案（九）》)此前对收买儿童罪做了重大修改，删除了原规定具备特定情节可以不追究刑事责任的条款，体现了对买方加大惩治力度的精神。从这个角度来说，刘某州的养父母主观上即使是为帮助他人而收买被拐卖的儿童，其行为同样会构成犯罪。实践中，司法会考虑对收买他人亲生子女的情形从宽处罚，因为收买者在实际上履行监护义务，因此可以认定其并未侵犯儿童的受监护权。

本案中刘某州的养父母已经去世，自然没有追究刑事责任的可能。如果他们在世还需要考虑追诉时效的问题，因为收买被拐儿童罪的基本犯追诉时效仅为5年。

想象的亲情与残忍的网暴

此外，刘某州自述在认亲后和生父母因买房问题产生了纠纷。此处涉及其是否能够要求亲生父母履行抚养义务，提供如他所愿的安稳住处的照顾责任。而是否能成功起诉生父母、是否能要求生父母履行抚养义务等，需判断二者是否具备法律上的抚养与被抚养关系。

从法律上说，如已履行合法收养手续、建立合法的收养关系，生父母对送他人收养的子女不再有抚养教育的义务；相应地，被收养的子女对生父母也没有赡养的义务。从刘某州的故事看，他和养父母之间并没有建立合法的收养关系，其实质就是一个被拐卖的儿童在新家庭被抚养长大。他和亲生父母之间仍然存在基于血缘的抚养关系，父母应当履行基本的抚养义务。

按照我国《民法》有关规定，十六周岁以上的未成年人，以自己的劳动收入为主要生活来源的，视为完全民事行为能力人。但这一规定并不否认这些未成年人请求抚养的权利，司法实践中也支持过年满十八岁但大中专没有毕业的人请求抚养。刘某州自述已在大专就读，靠兼职能够养活自己，在无大病大灾或遭遇突发事件的情形下，亲生父母这边也似乎已经没有过多的抚养义务需要履行。

但撇开法律和责任看，作为一个被拐卖的孩子，刘某州要的究竟又是什么呢？说到底就是一个家的感觉。他自己描述说"即使是租的一室一厅也可以"，而亲生父母却认为其索要过度。我倒觉得引发矛盾爆发的真正原因并非房子，而是彼此都没有展现出让对方满意的样子。刘某州想象的认亲后的画面是满满的爱，是十几年寻亲的期待，是媒体上展现的寻子多年的孙某洋找到了孩子抱头痛哭的场景，而亲生父母这边战战兢兢，他们只想要给这个孩子发个红包，问个平安，然后就各自安好。妈妈甚至连句道歉都不会说，最后只能用断绝联络来展现自己内心的惶恐和逃避。

从媒体的报道来看，刘某州的亲生父母早已各自有了新的生活，他们埋葬过去如同在地下埋葬了孩子的尸骸，但事与愿违，孩子长大又回来了，可以想象他们有多么惊骇。刘某州所描述的认亲过程，我相信都是真的，但这就是人性，而一个未成年人显然没能预料理想与现实的反差。十几年过去了，他突然出现在亲生父母面前，又变成了十几年前那个被抛弃的婴儿。孩子的哭泣和索要，与父母的拒绝和否认，形成强烈对比。我们都喜欢大团圆结局，如果剧情反转，孩子逆袭变强与家人快乐地生活在一起，那就是皆大欢喜的结局。但人间鲜有这种喜剧。

最后再聊聊网络。刘某州在网上寻亲，收获了关注和善意，也被各种私信小号不间断地攻击。其实网络上的评判，早已像是两位数加减法那样的廉价，今天无限呵护，明天可能就会反噬。刘某州临死之前被这些下了毒的语言"轮暴"，我很同情他，毕竟他还是个未成年人，即使成年人也很难抵抗这些恶意。也许他认亲不成还更好，或者他从来不曾在网上直播过，就不用见识网络的黑暗力量，也就看不到彼此之间不必展现的黑暗灵魂。**在网络世界里，有太多带着偏见的同情和不假思索的正义感，我们一旦喂养了它，就有可能在恶性循环里成为下一个恶因。**

也因此，我相信刘某州一定不是网暴之下伤心欲绝、走投无路的最后一个人，也不是在苦难里开出了花又萎谢的最后一个人。从他的故事里，我们至少要看到，苦难不是我们伤害别人或者伤害自己的理由，网络也绝不是我们寻求同情与正义的避难所，真正的和解只能来自内心，来自爱，虽然有的人根本承担不起这份爱。愿刘某州安息，愿苦难为来生长出翅膀。

养育之恩，能否消除买卖儿童的罪责？

最近一段时间，团圆消息频频传来。电影《亲爱的》原型失散多年的父子相聚；三个月前，2007年被拐走的符某涛也和亲生父母见面相认。但团圆之后，两个被拐男孩处于血亲和养亲之间的情感与法理纠葛中。其中符某涛试图劝血亲出具谅解书，从而使得养亲具备量刑从轻情节。而他的亲生母亲，明确拒绝谅解。这一切都引发了巨大的争议。我们从法律角度谈谈收买被拐儿童行为的刑事责任与是否能够达成谅解的问题。

收买被拐儿童，该不该入刑？

对于收买被拐儿童的行为，也就是养父母的行为，该不该入刑严惩，长期以来都存在很大的分歧。轻处论认为，首先，收买是被拐卖的后续行为，而且收买人的手段主要体现为收养，情节并不严重，因此社会危害性较小；其次，收买的行为对被害人并不具有实质上的人身危险性。因此应该从轻处罚。2015年之前对收买犯罪中"可以不追究刑事责任"的规定，也体现了这种思路。

但严惩论认为，收买被拐儿童为人贩子提供了买方市场，助长了拐卖儿童的犯罪活动，之前的"可以不追究刑事责任"牺牲了刑罚的严厉性和威慑作用。尽管是拐卖行为直接造成了儿童与父母的天各一方，然而，收买儿童作为拐卖儿童的下游犯罪，在危害的严重性上并不低于拐卖。首先，收买行为承接了拐卖儿童对被害儿童及其父母家庭所造成的伤害，并长期延续这种伤害。其次，买方的存在一定程度上刺激或者促发了拐卖儿童犯罪的发生。常常有人提到姚明保护珍稀动物的那句口号："没有买卖，就没有伤害。"同理，养父母的行为，其情虽可悯但其行更可憎，凡买必罚，收买被拐儿童理应入刑。

因此《刑法修正案（九）》对收买被拐儿童罪的修改，将原来的免罪规定修改为从宽处罚的规定，体现出"凡买必罚"的刑事规制思路。但其对收买被拐儿童罪所规定的基本犯，其法定刑仅仅是"三年以下有期徒刑、拘役或者管制"，类似于隐匿赃物犯罪、收购伪造的货币犯罪之基本犯的法定刑。这种修改显然是不够的，如罗翔老师所说，当前法律对于买人的惩治力度甚至还不如买动物。《中华人民共和国刑法》（全书以下简称《刑法》）第341条收买濒危动物都有可能判处十年以上有期徒刑，收买儿童最高才判处三年有期徒刑。而前文中所述两个案件的收买事实均发生在2015年之前，按照"从旧兼从轻"的原则，法院可以裁量不追究刑事责任。

如何实现惩治拐卖犯罪的宽严相济？

为什么法律对收买被拐卖儿童罪予以从宽处罚？主要有两方面的考虑：一是收买者一般对儿童没有伤害，在养育过程中与儿童产生了很深的感情；二是过重处罚收买者，会刺激收买者铤而走险对儿童施以严重的侵害。

不过，这些情形的存在，与对收买者施以何种处罚，是两个层面的问题。即使收买者对儿童悉心照养，产生深厚感情，也不能掩盖其骨子里的自私和行为上的违法。因而有必要在法定刑内，该从重的从重，该免除的免除。

在我看来，在《刑法》目前的法定刑下法官可以在量刑从重情节时考虑如下几点：第一，买方主动诱发上游的拐卖行为；第二，明知上游的拐卖行为还为其提供掩护的；第三，收买两个以上被拐儿童的；第四，未对被拐儿童尽到基本监护义务的；等等。

同时，明确设定从宽或者免责条款。收买行为是拐卖行为的下游活动，延续了拐卖行为所造成的亲子分离状态，但收买者良心发现或者经过法律、政策教育感召，主动向公安、民政等国家机关报告收买情况，或将被拐儿童交给有关部门监护或积极联系其血亲家人的，那么对收买者可以从宽处罚，而越早报告，对收买者从宽的程度就越大，乃至免除处罚。

我们注意到，仍有十几万甚至更多的被拐家庭还在苦苦寻子，那就意味着同时有相当数量的收买家庭在延续着违法犯罪的状态。假如法律适用时能有明确的免责情形，也许能够鼓励收买者放下负担，选择自首。另外，也要考虑对收买他人亲生子女的情形从宽处罚，此时对贩卖亲子之父母或者其他监护人的定罪处罚会更有效，而收买者在实际上履行监护权利，可以认为并未侵犯儿童的受监护权。对此，若无恶劣情节，可以考虑对收买者免予刑事处罚。

在我国刑法对于收买儿童罪的法定刑不变的情形下，检察官需要大胆地给出量刑建议，法官也可能要承担更大的压力，综合全案情形适用量刑。

量刑与谅解

2018年我国修订的《刑事诉讼法》确立了认罪认罚从宽制度。2021年《最高人民检察院工作报告》中提道："全年认罪认罚从宽制度适用率超过85%；量刑建议采纳率接近95%；一审服判率超过95%。"上述收买被拐儿童罪也大概率会适用认罪认罚从宽制度。

养父母"认罪"是指自愿如实供述自己的罪行，承认指控的犯罪事实。"认罚"，是指真诚悔罪，愿意接受处罚。我们看被告人是否认罚，当然不是仅凭他在法庭上的表态，考察的重点一般结合退赃退赔、赔偿损失、赔礼道歉等因素来考量。在实践中，尤其在伤害、盗窃、交通肇事等案件中，是否与被害方达成和解协议、调解协议或者赔偿被害方损失，取得被害方谅解，是作为从宽处罚的重要考虑因素。因此我们看到，符某涛的养父母被取保候审之后，这个孩子向亲生母亲提出要求："能不能签署谅解书？"

谅解在认罪认罚量刑从宽中如此重要，主要有以下两方面的原因。一是社会效果。如果被追诉人获得谅解，被害人及其家属对于被追诉人的从轻处理也表示接受，法律效果和社会效果都能得到极大的满足。二是赔偿和谅解本身就是构成认罪认罚从宽的要素。

从宽要考虑犯罪所侵害法益的修复程度。法益修复的方式包括弥补性法益修复、直接法益修复和特殊类法益修复。弥补性法益修复主要是通过对社会有益的积极行为来实现社会总体利益的平衡，例如立功；直接法益修复主要是通过赔偿等方式来减少被害人的损失；而特殊类法益修复则主要表现为获得被害人的谅解。因此，如果被害人谅解，自然可以视为有效的法益修复，法官可以从轻下判。这也是为何符某涛恳请血亲出具谅解书的原因。

不过需要强调的是，取得被害人谅解是从宽处理需要考虑的关键因素，但并不是适用认罪认罚从宽制度的前提条件。假如将取得被害人谅解作为适用认罪认罚从宽制度的必要条件，会造成很多应该适用认罪认罚制度的案件因被害人的情绪化而无法适用。综上，谅解并不一定会带来量刑的从轻，不谅解也不一定会带来量刑的从重，法官仍然需要综合全案，自由裁量对于收买被拐儿童的养父母的刑事责任。

不管入狱还是免罪，一切都不复从前。有一些关系在逝去，也有一些关系需要重生。我不忍再把拐卖儿童和销赃、收买国家珍稀动物之类的罪名做比较，因为那对象是人，而不是物，背后是眼泪，是血缘，是复杂的人性，是很多人被改变的一生。因此，谅解还是不谅解买家是被害人的自由。对于买家的刑事责任，他们的态度能起到一定作用，但并不是必然条件，不需要给自己再增添更大的心理压力。

说到谅解，我希望他们能够先原谅自己，不要再问自己为什么不小心才让这样的人生惨剧发生在自己身上。他们在十几年前已经被深深伤害过一次，过去的每一天，这种无法原谅自己的心态，又一次一次地往自己伤口上撒盐。被害人理论告诉我们，**被害人不止被害一次，在犯罪发生之后的日子里，他们会二次被害，甚至多次被害**。也许只有原谅十几年前的自己，才可能达成和解，才能重启，才能团圆。

老祖宗有很多伤感又智慧的词语，比如破镜难圆、覆水难收，它的意思是，很多伤害已经造成，回不到从前了，一味地假装你好我好大家好，经历了很多磨难之后一家人又欢天喜地地在一起幸福生活，这样的结局是艺术作品里的。在人间，你需要明知生活中有磨难，仍要继续努力生活啊！

本文写于2021年12月。这一年"团圆行动"获得重大进展，符某涛的母亲于2021年10月1日与被拐14年的儿子符某涛见面；孙某洋，因电影《亲爱的》成为寻子界最知名的父亲，在14年的寻找后于2021年年末与被拐的儿子孙某相认。

为救孩子，父母成了"毒贩"

据媒体报道，2022年3月18日，网名"铁马冰河"的药品代购者被控走私、贩卖、运输毒品罪一案在郑州市中牟县法院开庭审理。此前，同案的四名罕见病患儿妈妈因帮助"铁马冰河"代收药品氯巴占（Clobazam）包裹而涉嫌毒品犯罪，公诉机关因她们犯罪情节轻微不予起诉。代购者"铁马冰河"是本案中唯一被以贩毒罪名提起公诉的犯罪嫌疑人。

从案件材料看，代购者也是一名罕见病患儿的父亲，他从海外购买氯巴占等药物，除了给自己孩子服用，还存在加价卖给其他患儿家庭的行为。2021年7月4日，民警查获了他走私的氯巴占10.5万毫克，按照成瘾性折合海洛因10.5毫克。按照我国《刑法》规定，走私贩卖少量毒品的，应处以三年以下有期徒刑、拘役或者管制，并处罚金。据此，中牟检察院认定，应当以走私、贩卖毒品追究该代购者刑事责任。2021年7月起该代购者被警方羁押至今[1]。

---

[1] 2022年4月15日，媒体从"铁马冰河"妻子处获悉，其夫已被取保候审。

开庭前，有132名类似罕见病患儿家属向中牟县法院提交了一份实名签名的联名诉求书，为他求情，称他不是毒贩，不是出于赚钱的目的做代购，少量加价应该算是"辛苦费"。庭审中代购者"铁马冰河"陈述了自己的行为和初衷，只是想帮助其他病友代购，同时能保障自己孩子吃上救命药，实际上也没有将任何一粒药卖给涉毒人员。律师做了无罪辩护，法院当庭没有宣判。

前述四名罕见病患儿妈妈的涉案引发社会关注，检察机关对她们做出了取保候审决定和不予起诉处理，体现了**少捕慎诉慎押的刑事政策**。2021年4月，中央全面依法治国委员会将少捕慎诉慎押刑事司法政策列入年度工作要点。在2022年全国两会上，根据最高人民检察院工作报告，检察机关积极贯彻这一政策，全年不批捕38.5万人、不起诉34.8万人，比2018年分别上升28.3%和1.5倍。在这不起诉的人群里就包含本案的罕见病患儿妈妈。

这一政策体现了刑事司法的谦抑性、文明化和人性化，它的时代背景是我国近二十年刑事犯罪结构发生重大变化，严重暴力犯罪的犯罪率下降和重刑率下降，而轻微犯罪大幅度上升和轻刑率同步提升，我国已经成为全世界最安全的国度之一。因此，对绝大多数的轻罪案件，依法能不捕的不捕，及时变更和撤销罪行轻、人身危险性低的案件的不必要羁押；对符合法定条件的，检察机关可适用相对不起诉。

如果说在少捕慎诉慎押刑事司法政策推行之前，检察机关对于某些个案的批捕、起诉与否还存在纠结的话，在该政策推行之后，检察机关就应当大胆审查逮捕条件，运用不起诉制度，充分用好、用足不起诉制度，能不捕的尽量不捕，能不诉的尽量不诉。

但是，有时候检察官依法作出不捕或者变更强制措施决定后，犯罪嫌疑人发生妨害诉讼、再次犯罪等行为，办案人员往往面临被追责的风险和压力，而不捕不诉案件也常常是引起重点监督评查的焦点。一些检察办案人员出于多一事不如少一事的心理，怕追责，宁左勿右，宁重勿轻，可捕可不捕的一律捕，可诉可不诉的一律诉，对于申请变更强制措施一律否决，这使得少捕慎诉慎押政策仍然不能充分落实。

以本案为例，检方在对代收包裹的患儿妈妈们的不起诉决定书中，主要谈到"如实供述，系坦白""未获利，社会危害性较小""家中患病儿童需要抚养"等轻微情节，而代购者几乎也同样具备这些轻微情节，自然也应适用这一政策，但为什么对他更为严苛，检方不批准取保候审并且还依职权进行了起诉呢？

由此可见，公安机关在侦查中已经对嫌疑人的层次等级进行了划分。相信他们内部也争论过，对于没有羁押必要的嫌疑人是否有移送起诉的必要，但是最后还是本着"就算要放也不能在我手上放"的观念，全部移送起诉，难题交给公诉机关。而公诉机关也是基于相同的理念，考虑到"既然是共同犯罪，那这些人就有责任大小，而非责任有无的问题。帮助犯可以不起诉，但主犯不能不起诉，哪怕判缓刑或者免处都可以，总之不能在我手上放掉……"所以，代购者被起诉，难题交给了法院。

本案代购者出售药物虽有少许加价，但和毒贩的"以贩养吸"[1]

---

1 "以贩养吸"是毒品犯罪的专业名词，指毒品犯罪人既参与贩卖毒品，自己也吸食毒品的行为。

显然不可同日而语，他的行为更接近病友间的救助行为。法律如果对一种行为进行相对不起诉的评价就已经足够，又何必给行为人贴上被告的标签？检方又何必把这个难题推给法院呢？

从批捕开始，检察机关就应该抵抗住侦查中心主义的巨大压力。为什么要少捕？因为一旦逮捕，就意味着有期徒刑以上的刑罚，因此对于起诉必要性欠缺的嫌疑人，在逮捕的时候就应该谨慎，否则容易陷入骑虎难下的境地。一旦用了逮捕且没有变更强制措施的，就为适用不起诉设置了人为的障碍，所以这个刑事政策才要求逮捕、起诉和羁押的决定都要把握谦抑和审慎的原则。

本案中仅对代收包裹的患儿妈妈们相对不起诉，而对代购者进行逮捕、长期羁押和依职权起诉体现出了检方机械执法的惯性思维。从某种角度来说这一司法惯性长期合理存在，检方考量了这个行为有没有违反《禁毒法》和《刑法》，标的物是不是受到严格管控的精神药品，也计算了它的成瘾含量，因为只要是涉毒行为，都应当零容忍。但在决定起诉之前，是不是应该再考虑下，这一行为是否真正具有社会危害性？是否危及他人或者大众的身体或生命安全？是在救命还是害命呢？这个问题，并不需要太多专业知识，关键还是人同此心，心同此理。同时检察官们也应该认可那句话：**我们办的不是案件，我们办的是别人的人生。**

回到这个案例，即便认为代购者的行为违反了禁毒法，侵犯了国家对毒品的管理秩序，具有行政不法，那检方也完全可以强化与相关行政部门的沟通衔接进行后续处理。对那些不起诉人员，检方可以主动向公安机关发出检察意见书，要求对他们采取行政处罚。即便是已经开庭，在人民法院宣告判决前，人民检察院如发现一些不应当追究被告人刑事责任的情形，比如情节显著轻微、危害不大，不认为是犯罪的或证据不足或证据变化不符合起诉条件的，可以撤回起诉，然后再向当事人发送不起诉决定书，这样的行为也体现了司法的担当。

有人问，本案是否可以寄希望于法院对代购者做出无罪判决呢？辩护律师也为当事人做了无罪辩护。我的想法不太乐观。今年的"两高"报告披露了这样一组数字：2021年，全国各级法院共审结一审刑事案件125.6万件，判处罪犯171.5万人。其中，各级法院共宣告511名公诉案件被告人和383名自诉案件被告人无罪。在认罪认罚的大背景下，无罪判决的比例较低，有的法院会通过认罪认罚判处缓刑或免予刑事处罚来处理案件。鉴于本案的被告人拒绝认罪认罚，所以法院的判决很可能是以羁押的实际时间下判或者免予刑事处罚的形式进行结案，这样的结果还不如检察院撤诉。

近年来"少捕慎诉慎押"是刑事司法领域的高频词汇，民营企业的老板因此感受到了法律的温度，还有不少涉事企业也进行合规不起诉。本案推进到今天，并没有很好地适用这一司法政策，如果公诉机关能撤诉确不失为一种好的司法态度。卫生法专家正在努力构建制度和渠道让罕见病患儿有一个用药的合法途径，而我们同时也希望，他们的父母可以不再为药奔波。

2023年3月31日，"铁马冰河"案迎来了一审判决，河南省中牟县法院认定被告人不构成走私、贩卖毒品罪，构成非法经营罪，免予刑事处罚。

天下无诈：帮信罪与推定"明知"

前阵子，某刑法老师在路边饭馆吃饭，服务员给他上了瓶啤酒。他很惊讶地说："我没有点酒啊。"服务员坚持说："我请您喝的。""你是有什么事情吗？"刑法老师问。服务员说："我在网上看过您讲的课，您给说说，我丈夫把三张银行卡借给别人用，每月收两千块的好处费。他现在被抓了，这是为什么啊？"

刑法老师笑了，关于张三的犯罪故事又多了一个。这种行为构成了"帮助信息网络犯罪活动罪"，简称为"帮信罪"。听上去很陌生，但从2021年前三季度全国检察机关起诉罪名排行榜上看，帮信罪位列全部罪名第四，仅次于危险驾驶罪、盗窃罪、诈骗罪。

帮信罪是《刑法修正案（九）》增设的新型网络犯罪，与电信诈骗密切相关，打击的是**明知**他人利用信息网络实施犯罪，仍为他人提供帮助的行为。具体包括为不法者提供互联网接入、服务器托管、网络存储、通讯传输等技术支持，或者为不法者提供广告推广、支付结算等行为。主要涉及的场景有银行卡、手机卡、

U盾、对公账户、支付宝、微信账户等，涉及的技术主要包括解冻微信号、提供软件系统等。这么一说，大家应该明白，服务员的丈夫错就错在不该向不法者出借银行卡。

服务员问："我们退钱还不行吗？我们没偷没抢啊，银行卡也是自己的。这个罪名打击是不是太严厉了？打击面是不是也太宽了？"我们先了解下帮信罪案件的现状：对比全国法院2016—2021年关于帮信罪的一审裁判文书数量，2016年出现了2个案件后，2017年、2018年案件数分别为10个、22个。自从2019年11月最高检、最高法颁布了《关于办理非法利用信息网络、帮助信息网络犯罪活动等刑事案件适用法律若干问题的解释》（下称《解释》），此类案件数翻倍增长，2019年达到了85个，2020年达到了2607个。截至2021年11月，一审裁判文书已经有7245份，这其中就包括这位服务员的丈夫，因出借银行卡为他人犯罪提供了帮助，最后被判拘役4个月。

查阅帮信罪的裁判文书，可以发现帮信案件有这样一些特点：案件的监禁刑刑期较短、缓刑适用率较高、罚金数额较低。帮信案件数量的激增和2018年10月确立的认罪认罚从宽制度有一定关系，但根本原因还是因为前述《解释》对帮信罪的定罪量刑规则进行了细化，尤其是对帮信罪的何为"明知"，何为"情节严重"，以及何为"被帮助对象实施的犯罪"做出了有利于追诉方的解释。

在生活中，我们很熟悉"明知故犯"这个词。在认定帮信罪时，"明知"十分关键，但行为人经常以其"不知"进行辩解，而且他们往往不认识不法者，或者交易时没有太多接触，所以很难获得其他书证、电子证据印证其"明知"。我们听到的辩解，就如这位服务员所言，丈夫这样一个老实巴交打零工的人，怎么会知道借卡的人是要去犯罪，要是知道，借他一百个胆子他也不敢啊。

无法证明"明知"，就无法打击诸多帮助网络犯罪的行为。为解决上述难题，《解释》确立了一项"**可反驳的推定**"。具体而言，如果通过其他证据无法证明行为人明知他人实施网络犯罪，只要当行为人具有《解释》第十一条所规定的6种情形时，就认定行为人明知。这些行为包括经监管部门告知后仍然实施有关行为的；接到举报后不履行法定管理职责的；交易价格或者方式明显异常的；提供专门用于违法犯罪的程序、工具或者其他技术支持、帮助的；频繁采用隐蔽上网、加密通信、销毁数据等措施或者使用虚假身份，逃避监管或者规避调查的；为他人逃避监管或者规避调查提供技术支持、帮助的，以及其他足以认定行为人明知的情形。当然，上述推定允许反驳。如果反驳成立，则不能认定为明知，方可脱罪。

上述推定并不是我们平常说的推理认定，譬如说被告矢口否认杀人的"故意"，而控方从击打位置、击打次数和事后反应等角度综合评判被告就是故意杀人，简单点说，福尔摩斯和柯南做的就是推理，法官在裁判文书中的说理也是推理，而不是推定。推定绝非法官在个案中的即兴发挥，而是一种慎之又慎的法律行为。

推定在美国证据法中具有重要的位置，它是指创设了基础事实 B 和推定事实 P 之间的联系。当我们说事实 P 可以从事实 B 推定得来时，我们的意思是：一旦事实 B 得到确立，事实 P 也得到了证实。一般情况下，事实 P 难以证实时，可以用比较容易证实的事实B推认事实P的存在。其适用的前提条件是允许对方反驳，只有在对方不能提出证据进行有效反驳的情况下，推定事实才能成立。

史蒂文·伊曼纽尔（Steven Emanuel）教授认为犯罪构成要件的强制性推定(mandatory presumption)必须符合两个条件才可能是合宪的：一是来自基础事实的推定事实满足排除合理怀疑的要求；二是基础事实本身的真实性满足排除合理怀疑的要求。只有极少数的推定在基础事实与推定事实之间具备如此牢固的联系。除此之外的大部分都是可反驳的推定。

由于推定直接关系到证明责任的分担，为了尊重《宪法第五修正案》关于陪审团独立认定事实的自由和无罪推定原则，推定的合法性不断受到美国联邦最高法院的司法审查。

同样也是基于罪刑法定和无罪推定原则，在我国现行《刑法》里，只有极为有限的几个法条存在推定。如"非法持有国家绝密、机密文件、资料或其他物品"以及"巨额财产来源不明"这两种犯罪。在司法解释中，也仅有数量不多的司法解释，如最高人民法院《关于审理诈骗案件具体应用法律的若干问题的解释》、两院《关于办理与盗窃、抢劫、诈骗、抢夺机动车相关刑事案件具体应用法律的若干问题的解释》，以及两院与其他机关联合发布的《关于办理走私刑事案件适用法律若干问题的意见》等文件中存在推定。显然，前述帮信罪的《解释》中确立的也是一项可反驳的推定。它具备了推定的几个特点：遵循经验和逻辑规则；具备高度盖然性而非排除合理怀疑，降低了证明难度；允许反驳。

我们梳理近些年来的相关司法解释，发现了些微妙的变化。

2016年两院一部所发《关于办理电信网络诈骗等刑事案件适用法律若干问题的意见》中第四部分第三点规定："上述规定的'明知他人实施电信网络诈骗犯罪',应当结合被告人的认知能力,既往经历,行为次数和手段,与他人关系,获利情况,是否曾因电信网络诈骗受过处罚,是否故意规避调查等主客观因素进行综合分析认定。"这个规定对"明知"的指示,显然是鼓励法官综合全案进行自由心证,自由裁量。但从此后三年帮信罪办结案件的数量上看,综合认定的效果并不理想。于是到了2019年,两院通过《解释》以罗列相关要素的方式规定了认定标准,大大减轻了认定的难度。

当然这是出于公共政策、公平性和便利性的考虑,天下苦电诈久矣,何不将各种魑魅魍魉一并铲除?提供帮助的源头若不打击,电诈就如百足之虫,死而不僵。因此,推定"明知"的设计主要是为了减轻证明负担,加大对此类犯罪的打击力度,同时也考虑了辩方利益,给辩方提供了反驳的法定机会与条件。

但我们从实践中看到,反驳的空间不容乐观。如广西宾阳籍被告人甘某使用假名从林某处购得100张物联网卡,甘某将其中一张卖给陌生人,结果此人利用这张流量卡上网实施诈骗,用QQ冒名加好友,造成山西某公司被骗240万元的严重后果。甘某辩解说他只是一个卖流量卡的,完全不可能知道买卡的人会犯罪,但因甘某从他人处购买物联网卡时采取了"使用假姓名、隐瞒真实身份"的方式,司法机关将其认定为《解释》第十一条第五项"使用虚假身份,逃避监管或者规避调查"的情形,从而未采纳其"对被帮助者实施诈骗的事情不知情"的辩解。

某游戏开发公司，虽不具有《解释》第十一条前六项规定的情形，但其"明知公司研发的游戏软件自身的积分计算功能，他人能够非常方便地利用其进行赌博，甚至被他人用于赌博违法犯罪活动"，与被帮助公司进行合作时"未尽监管职责"，司法机关据此认为被告能够被推定为具有"明知"的心态，不接受反驳。

关注互联网生态的人知道，2021年8月《个人信息保护法》生效后，对个人信息处理者的责任认定，适用过错推定原则。因此，企业内部合规、专业技术支持和外部评估、测评、认证对企业而言非常重要。一旦涉诉，电信、金融、互联网大厂就得靠这些作为合规不起诉的条件或者免责依据。但是作为个人或者小微企业，需要投入多少才能达到这种监管职责？投入得不够，是不是就叫作"未尽监管职责"？

因此，我们不得不担心，反驳的难度和兜底条款的存在会不会扩大了该罪的适用范围，进而加重了某些个人和小微企业的经营成本和风险，从而不利于维护法律的稳定性呢？

目前，从数量统计上来看，法院在认定帮信罪的"明知"时，使用推定证明"明知"已经大大高于综合全案证据证明"明知"。孰难孰易，不言而喻。基于经验法则上的高度盖然性、基于证明上的困难，也基于刑事政策实现的需要，设立帮信罪的"明知"推定可以理解。但我们还要考虑到，我国目前的刑事诉讼的本质还是职权主义的，犯罪嫌疑人、被告人所享有的辩护权严重不足，而嫌疑人、被告人，哪怕是辩护人的取证权与举证能力也受到诸多限制而十分弱小。再加上认罪认罚从宽制度下，一些犯罪嫌疑人为追求认罪效果，获取更短刑期或者缓刑，主观上就放弃了为自己辩解并非"明知"的打算,以免造成不认罪不认罚的不利局面,这是不是也有可能使得最后的判决结果并没有罚其当罪呢?未来的司法解释里是不是也可以多一些对反驳的列举和保护呢?

天下无诈固然好,天下诉讼皆无憾就更好了。

网络时代的敲诈勒索：猎罪与深渊

据澎湃新闻、《上海法治报》等多家媒体报道，霍某前女友陈某被上海警方以"涉嫌敲诈勒索"采取了刑事强制措施。此前，陈某曾因在网络发文对霍某进行控诉并索要高额分手费而引发网民关注。此案的细节尚未披露，不少人发问，通过网络发帖施加压力的方式索要分手费是否合法？我们可以借热播网剧《猎罪图鉴》里的故事，谈谈网络敲诈勒索的表现形式及其犯罪预防。

以发布负面信息相威胁

《猎罪图鉴》中有一个案件是美容院院长被杀案。案情很简单，院长迷奸女客户并拍下不雅视频，并以上传网络相威胁，最后引来杀身之祸。

与传统的敲诈勒索犯罪相比，**利用网络实施的敲诈勒索，通常是掌握了有损被害人名誉、隐私的负面信息，以在网上发布为由，**

使对方产生恐惧，迫使对方按照要求支付财物。由于网络扩散范围广、传播速度快、影响不易消除，被害人很容易陷入身败名裂的恐惧，不得不花钱消灾。

原公安部刑侦局副局长陈士渠在介绍"裸聊"类敲诈勒索案时就指出："此类案件的难点在于有的受害人担心名誉受损、隐私暴露，受害后不报案，一直按照犯罪嫌疑人的要求打款，越陷越深。"

在实践中，远远不止"裸聊"的被害人有这样的恐惧，曾经的合作伙伴、多年的好友、分手的恋人、情侣，因为各种原因关系破裂，其中一方利用长期交往中掌握的"不足为外人道"的信息，向另一方进行勒索，被害人应对失据，要么欲壑难填越陷越深，要么铤而走险鱼死网破。娱乐圈中著名的案件还有2018年吴某波情人陈某霖以曝光二人隐私为由构成敲诈勒索罪，被判三年有期徒刑，缓刑三年。

具体而言，负面信息不论真假，只要一方以发布该负面信息相威胁索取另一方的财物，都会构成敲诈勒索罪。同时，即便将要实施的行为是合法的，如果行为人将这一行为作为交换利益的条件，也构成敲诈勒索罪。例如张三掌握了对方的犯罪证据，以向司法机关检举揭发为由威胁、要挟对方，尽管检举揭发本身是合法的，但张三的上述行为仍然构成敲诈勒索罪。2022年1月，芜湖市通报一起案件，湾沚公安分局接到报案，男子深夜醉驾路遇碰瓷敲诈团伙，该团伙以举报揭发男子醉驾相威胁，索要高额封口费。案发后，醉驾的人需要追究刑事责任，碰瓷敲诈的也要追究刑事责任。

此外，行为人告知被害人的不利后果是否能够真的实现，他是否有实现该不利后果的真实意思，以及他是否亲自实现该不利后果，都不影响敲诈勒索罪的成立。换言之，不管张三是不是虚张声势，是不是手无实据，是不是要"借刀杀人"，都不影响罪名的成立。

凡是威胁皆为敲诈？

网络敲诈勒索中有一些比较特殊的情形，比如双方本来就存在债权债务关系、双方存在损害赔偿请求事宜、双方因拆伙或分手存在善后或补偿事宜等。

一般认为，对于那些为了行使正当权利而使用胁迫手段的情形，如果符合以下三个条件就可以排除行为的违法性：第一，具有正当的权利；第二，在权利的范围之内；第三，其手段具有必要性和相当性。

实践中，上述行为的实践表现形式较多，最有代表性的当属债权债务关系。例如债权人到期要求债务人还款，债务人拒不还款，债权人无奈之下以在网上发布负面信息为由，迫使债务人偿还债务。或者合作方拒不履约，另一方以在网上发布负面信息为由，迫使一方履约或赔偿。

又如行为人在某游乐场内受伤，向游乐场主张损害赔偿未果，就以在网上发布上述不利于该游乐场经营和声誉的信息为由，迫使该游乐场给予赔偿。又如合作伙伴分家、恋人情侣分手，双方存在共同利益，一方拒不合理补偿，另一方以在网上公布双方矛盾为由，迫使其谈判让步给予补偿的。上述情况下，如果行为人的目的与手段均具有正当性，即使主张的赔偿数额偏高，也不应认定为敲诈勒索罪。在协商过程中，开具条件是正常的，不合理的条件，谁都有权拒绝。具体的赔偿数额，可由双方协商确定。但如果行为人的手段不具有正当性，可能会被追究其他刑事责任，因为法律虽然允许个人以私力救济的方式行使正当权利，但应有必要的限制。比如以侮辱、诽谤的手段去行使权利，无论是否有正当的权利基础，这些不正当的手段都可能单独构成侮辱罪、诽谤罪。

2017年4月7日，广东省高级人民法院对"结石宝宝"的父亲郭某敲诈勒索一案进行公开宣判，再审改判郭某无罪。在此之前，郭某因向生产"毒奶粉"的施恩公司提出索赔，索赔金额为300万人民币，而被法院认定为敲诈勒索罪入狱5年。显然，此案中刑法不当介入了民法的领域。

可能涉及的其他罪名

《猎罪图鉴》中美容院院长用偷拍的不雅视频要挟被害人，欲将其视频发送给其家人、朋友，甚至上传网络散播，被害人畏惧信息泄露而同意院长的要求，这明显违背了她的真实意志。按照我国刑法规定，违背妇女的真实意志，强迫妇女与之发生性关系视为强奸，因此院长的行为还涉嫌强奸罪。

在有些案件里，犯罪人除了要求被害人与自己发生性关系外，还会诱导、强迫或者为被害人介绍卖淫的机会，这一行为涉嫌组织卖淫罪、强迫卖淫罪或引诱、容留、介绍卖淫罪。

另外，假若犯罪人将被害人的裸照及不雅视频发布在社交平台上，或公然向不特定群体售卖，造成恶劣的社会影响，还会涉嫌制作、复制、贩卖、传播淫秽物品罪。同时，因在网络上发布裸照及不雅视频，或者传播涉及被害人隐私的信息，严重侵害被害人的隐私权和名誉权的，还会构成侮辱罪、诽谤罪。

有的敲诈勒索行为还与侵犯公民信息行为存在关联。司法实践中发现，犯罪人让被害人安装的一些非法应用程序有申请调取当前设备的通讯录、定位信息、短信读取权限的功能，在成功获取被害人手机通讯录、定位信息、短信读取权限后，将获取到的公民个人信息发送到特定服务器中进行存储，显然这种行为已经侵犯了公民个人信息安全，也会构成犯罪。

网络敲诈勒索的预防

综上所述，敲诈勒索的被害人会感觉自己走投无路，同样，实施勒索的行为人也处在犯罪的漩涡中。在这个背景下，我们可以做好相应的犯罪预防，既防止自己被害，也遏制他人的犯罪冲动。犯罪预防一般分成事先预防、事中预防和事后预防。

网络敲诈勒索中的事先预防往往只能防范陌生人，却防范不了身边的人。因为我们不裸聊、不裸贷，我们洁身自好奉公守法，但我们有时会与身边人分享秘密，而这些秘密就可能成为定时炸弹。识人不易，但也不必因为潜在的风险而加高自己的心理围墙。

事中的犯罪预防，值得大家重视。被害人在发觉自身被敲诈勒索之后，应当学会保持冷静。**敲诈一旦发生，被害人往往没有想到对方同样也把自己置身危险之中**，而对方也没有完全看清自己的犯罪后果。意识到这一点之后，通过分析和博弈，在与犯罪人的周旋中学会保持理智，在对方提出转账要求或其他犯罪要求时，要坚定地拒绝。一旦屈从，等于将自己完全置于对方的控制下，一味地顺从对于犯罪预防毫无帮助。

事后的犯罪预防体现在，对于已经受到敲诈勒索侵害的被害人，警方要打消他"花钱消灾"的侥幸心理。同时，通过警方的宣传让更多的被害人主动报案，这也避免了某些被害人铤而走险，想一劳永逸地解决问题最后变成加害人的可能。

《猎罪图鉴》中被威胁的建筑设计师走投无路，只能毒杀美容院院长。显然，她的理智选择应该是搜集证据、直接报案。但人们在说出真相的时候，往往担心真相会伤害自己，一再犹豫，最后误入歧路。在实践中，确实有因把柄在别人手里而假意就范，待对方犯罪既遂后报案，使之锒铛入狱的案例，案中被害人的身份发生了转换。尼采说，当你凝视深渊的时候，深渊也在凝视你。从法律角度，犯罪的因果关系已经结束，但从人性角度，因果循环才刚刚开始。

《猎罪图鉴》中提到，"美术史一直在记录犯罪史"，比如卡拉瓦乔杀人逃亡，尤其喜欢画斩首场面。影视作品也是如此，尽管作品不能凭讲故事减少犯罪，但它能把社会现象高度凝练于影视语言中,并使之再次对现实产生影响。

影视剧中的罪案有时能引发观众对法律条文、司法制度的思考,比如《罗生门》《十二怒汉》;有时能与现实议题互动,比如电影《我不是药神》呼应了销售假药罪的热点问题,电影《亲爱的》《盲山》使人们呼唤"天下无拐"。希望《猎罪图鉴》中美容院院长之死的罪案,也能够让更多的人警醒内心的幽暗,增添一份约束和光明。

官方通报何以引发舆论热议

我们经常发现，社会案件在官方机构通报之后，往往引发新一轮的舆论发酵，随之又因网络舆论的压力，官方需要出具第二份、第三份乃至第四份、第五份的案情通报。而且，在网络媒体时代，官方通报引发的舆论，往往又会引发网友"破案"，就通报中存在的疑点进行接力式的材料挖掘，或者对通报中的措辞进行段子创作。这些现象，难道仅仅是网友们喜欢看笑话，或者喜欢挖苦官方吗？

此类现象，并非凤毛麟角，而是层出不穷。甚至，官方通报在网络舆论的持续发酵下，像是悬疑剧一般连续更新，进一步引发了网友们的质疑和"破案"。这就不得不追问：为什么官方通报经常会引发网友的不适感？在案情的通报中，官方究竟该如何披露细节和表达措辞才能够让民众满意，而不至于陷入二次舆论漩涡之中呢？**尤其是恶性案件发生后，可能会引发社会的极大关注。此时，官方通报应该第一时间让民众获知真相。**早期的澄清十分重要，因为一旦形成存疑印象，后期输出再多的事实，都会被民众戴着有色眼镜来观察。后真相时代，民众往往根据自己的价值立场有选择地相信事实，如果错过澄清的最佳窗口期，案情通报就算做成连续剧也难以发挥应有的效果。这一点，从之前的一些公共事件中可见一斑。

案情通报的细节，应当以人为本

2022年2月16日19时许，山东聊城市东昌府区发生一起故意伤害致人死亡案件。犯罪嫌疑人任某贞因情感纠纷捅杀女方一家致3死1伤。公安机关于当晚20时确定疑凶，并连夜发布悬赏公告展开缉捕。次日公安机关发出案情通报，称"犯罪嫌疑人任某贞慑于公安机关强大威力，已于17日凌晨畏罪自杀身亡"。

此案究其性质是一起恶性刑事案件，因其发生在元宵节后，又涉及情感纠纷和灭门之祸，极易引起传播。公安机关确实应当主动消除信息的不确定性所带来的民众猜疑和恐慌。

在此案中，公安机关即时发布通报，本来值得称道。但因其在案情通报中"犯罪嫌疑人任某贞慑于公安机关强大威力，于17日凌晨畏罪自杀身亡"的表述，引起一波次生舆情。有网友认为，这一表述暗含了犯罪嫌疑人死亡和公安机关施压之间的因果关系，进而发问：是否犯罪嫌疑人留有遗书？是否在自杀现场还有其他未披露的情节？

这恐怕是案情通报的行文者万万没有料到的。公安机关的强大威慑和行凶者的畏罪嘴脸，一般会形成正义与邪恶的强烈反差，但为何在案情通报中出现,会引发舆论的不适与困惑呢?在此,不妨从涉案人员自杀原因和案情通报写法两个角度,探讨此间的微妙之处。

涉案人员自杀的原因主要有三种:一是行为人对已发生或将要发生的事情有着深深的内疚感、罪恶感或恐惧感,当严重到无法摆脱时,有可能选择自杀;二是当行为人无法承受外在世界、事件或他人的攻击时,攻击转移到内部,从而造成自杀;三是行为人想用自己的死报复他人,让别人不得安宁或终生痛苦、后悔莫及。

这三种自杀的原因,在公安机关办案过程中都可能遇到。

第一种就是警情通报中常见的畏罪自杀,犯罪嫌疑人害怕罪行被发现,害怕落网受到惩罚,不敢面对未来,选择自杀逃避责任。比如,2021年2月25日,美国体操队前教练约翰·盖德特被控强迫未成年女孩训练、并虐待甚至性侵,他在受到刑事指控几个小时后自杀身亡。2021年10月10日,福建莆田市发生2死3伤的重大刑事案件,后在公安、武警的围捕下,犯罪嫌疑人欧某中于平海镇上林村附近一山洞拒捕并畏罪自杀,抢救无效死亡。

第二种自杀,往往发生于办案人员使用错误的施压方法,对犯罪嫌疑人采取精神打击或身体打击。这种施压还极易引发冤假错案,是我们坚决反对的。

第三种是对他人、对社会的报复。一些犯罪嫌疑人认为,自己的犯罪行为是他人的行为或社会导致的,不应由自己承担责任,要用自杀行为报复社会。

因此,在办案过程中,办案人员需要高度关注涉案人员的心态,尤其在看守所、监狱等监管场所,犯罪嫌疑人处在国家监管下,国家有权侦查犯罪、改造罪犯,同时也有义务保障他们的安全,对于自杀和非正常死亡,监管部门都需要承担责任。心理专家认为,任何事情都有解脱的办法,自杀的真正原因不是事件本身,而是自己的性格和面对事情的心态。疑凶犯罪后,有惶惶不可终日的,有心安理得、麻木不仁的,也有决心同归于尽的。不管他们的性格和心态如何,按照我国《刑法》和《刑事诉讼法》的规定,他们都应当依法被逮捕,经过侦查起诉和审判程序,得到法律应有的制裁。换句话说,即使他是一个恶魔,也应该适用人间的法律。

有人认为,反正抓到了也是要判死刑的,自杀和以后枪毙效果一样。但从以人为本的角度,这并不是简单的执行公务,而是挽救犯罪嫌疑人生命的一次努力。经过对有自杀倾向犯罪嫌疑人的成功干预,可以增强犯罪嫌疑人面对自己犯罪行为和承担自己行为后果的勇气,按照法律程序对行为人进行制裁,对于抚慰被害人和彰显社会正义不可或缺。在这一过程中,公安、检察院和法院的形象,应当是公正的执法者、司法者,而不能是冷酷的行刑者。它应该有强大威力,可以无远弗届,可以虽远必诛,但它同时也要有温度,符合社会大众对最基本道德底线的期待。我想,这就是人民司法的要求,也是这一波次生舆情所警惕的。

官方通报做成连续剧,就会错过舆论窗口期

案情通报,一般围绕事实和法律要素来建构话语。事实部分为目前警方已掌握的事实,也就是有证据证明的部分。比如在上

述聊城任某贞杀人案的通报中，详细描述了案发时间、地点、涉案嫌疑人身份、被害人身份、案发原因、被害人人数、被害后果以及警方采取的措施等，表述简洁没有歧义。这种类似故事描述的表达方式有很强的力量，符合人类的认知习惯。

但如果事实描述中间存在空白，时间线上出现矛盾或者漏洞，受众就会对整个事实产生怀疑。比如，涉及拐卖妇女的案件，通报如果只描述拐卖行为，而不描述收买行为，当然会引发一系列的疑问：谁是买家？收买不追究刑事责任吗？是因为追诉时效吗？对事实的描述，实事求是、不留白是最好的态度，如果案情尚未查清，通报一般应留有余地，可表述为"公安机关将对涉案犯罪事实继续开展侦查取证工作"。

事实部分的描述，是不是应该越详细越好？从通报效果考察，事实部分的字数和详略并不直接影响发布效果。有的案情通报，如凶杀案，完全可以简明扼要，不宜渲染细节，包括因果关系、作案手段等，因为涉及当事人隐私或者手段的残忍变态。而有的通报文本，用冗长的篇幅展现官方调查的用功程度，包括走访人次、耗费时间等细节，但未必能获得认同和重建信任。因为，民众与其说是渴望获取全部的、翔实的事实信息，还不如说是期待一个负责任的行动者，事实真相已经不再那么重要，民众更看重的是价值层面的认同。这在案情通报出现连续剧或者反转的情形下，尤其明显。

法律部分的表述，应当如何行文呢？亚里士多德说，必须将受众置于特定情感框架以内，才能使危机言说达到最佳的说服效果。倘若漠视受众的情感诉求，就算在其他领域花费更多的精力，说服效果依然会大打折扣。虽然法律是理性的，但如果法律部分的表述过于强调公权力的强大，就会使得公众产生压抑感和疏离感。在聊城任某贞杀人案的通报中，将犯罪嫌疑人任某贞的自杀身亡与公安机关强大威力联系起来，毫无必要地将警方陷入舆论口水的虚耗中。

如果法律表述沦为口号式，文本的亲和力下降，就会给人不近人情的印象。例如在2015年永昌县女生跳楼事件[1]中，通报文本中提到"为维护社会治安稳定和政治安定，防止极少数别有用心人员从事捣乱破坏活动，依法打击惩处违法犯罪行为"。在这一通报的后文中，十几条法律条文被原封不动地引用，在强调法律严肃性的同时，也给民众一种威慑感，对舆情的疏导不会起到正面作用。显然，上述通报对中学生之死的悲剧的淡化处理，以及对"别有用心者"的强调，完全错估了受众的情感需求。

因此，一个合格的案情通报，应当是事实简洁、逻辑清晰，法律表述有理有据，少扣帽子，少贴标签，少喊口号，在文末对未查清事实应留有余地。**寻找真相很困难，它需要我们超越对事件的本能反应，需要我们对不同寻常的描述进行审视，更需要我们保持自律和开放的心态。**

---

[1] 2015年12月28日，13岁的甘肃省武威籍少女赵某在永昌县某超市偷窃商品。赵某母亲到场与超市交涉处理，过程中责打赵某。赵某离开现场后在别处跳楼自杀身亡。29日，其家人与超市交涉过程中，千余人聚集于超市前，部分人员试图就此抢劫、打砸该超市。30日上午，不明人士在超市门前摆放花圈，再度引发围观。下午人群冲击超市大门，损坏公共设施、警车并围攻警察。

第 2 章

这个世界有神奇女侠吗？

法律当然要捍卫弱者的权利，也理应为受害人讨回公道。

但女性为何需要为安全付出额外的代价？

我们能否真正平等地站在法律面前，

不附加性别、财富或任何条件。

"买妻"是人性之恶，刑罚不宜过度宽松

2022年2月，发生在徐州的一起事件引发了各界对于收买妇女、儿童罪的关注。由于该事件至今尚未完成全面、正式的调查，涉事女性的精神状况、病情、来历以及是否涉及被拐卖、收买、强奸、非法拘禁等犯罪，仍然存疑。即使此事件中不存在犯罪，舆论的高压对民间仍然存在的收买妇女、儿童的犯罪也将形成震慑，对于犯罪治理也会起到重要作用。

有人批评我国《刑法》对收买妇女、儿童行为的惩罚力度太轻，最高刑仅为3年有期徒刑，类似于隐匿赃物犯罪、收购假币犯罪的处罚，而《刑法》第三百四十一条收买濒危动物都有可能判处10年以上有期徒刑。这个批评没错，当前法律对于买人的惩治力度甚至还不如买濒危动物。

回顾立法变迁，你会惊讶地发现这一罪名在1997年《刑法》里的处罚更为轻缓。在当时，如果"按照被买妇女的意愿，不阻碍其返回原居住地的，对被买儿童没有虐待行为，不阻碍对其进行解救的，可以不追究刑事责任"。一语概之就是买方免责。立

法原因是在打拐过程中，解救被拐卖的妇女、儿童会遇到重重阻碍。何种阻碍，请参考电影《盲山》，有举村围堵警车的，有设卡抗拒检查的，有联合转移被拐妇女、儿童的，极端情况下也发生过杀害被拐妇女、儿童的行为。立法者考虑到如果对于收买人也进行严厉打击，反而会对解救产生不利影响。因此，对于不妨碍解救的收买人基本上都不追究刑事责任。

直至2015年，《刑法修正案（九）》才删除了对收买人的绝对免责，但还保留了对善待儿童的从轻和不妨碍妇女返乡的从轻、减轻的规定。此次修法还有个插曲，二审、三审稿中仍然有"如果按照被拐卖妇女的意愿，不阻碍其返回原居住地的，可以从轻、减轻或者免除处罚"的表述，一些人大代表对于"免除处罚"表示了强烈反对。感谢他们的坚持，最后立法才确立了今后收买妇女、儿童的行为将一律追究刑事责任，这成为我国打击拐卖犯罪立法的根本转变。

如果不谈社会原因，只谈法律问题，很多人都认为多年来拐卖妇女、儿童犯罪屡打不绝的一个主要原因，就在于原来《刑法》规定买方可以不追究刑事责任，给很多人造成了一种买方无罪的错觉。只要有大量买家攒好钱坐等媳妇和孩子送上门，人贩子就敢于铤而走险去拐去骗去下药。**买方刑责不可免，对铲除买方市场具有十分重要的作用。**

此后，公安机关对于新发生的拐卖案件，在解救被拐妇女、儿童受害人的同时，一律对买主采取刑事拘留等强制措施，依法追究其刑事责任。去年有新闻曝出2007年被拐的男孩符某涛、孙某被多年寻子的亲生父母找到，与此同时实施了收买行为的养父母也被警方采取强制措施。符某涛试图劝血亲出具谅解书，从而使得养亲具备从轻情节。这说明，在司法实践中，买方完全有可能被追究刑事责任。

但让人仍感不安的是，在中国裁判文书网上，对于收买者的处罚大量从轻、减轻，适用缓刑，从判决书的说理部分看，要么基于收买人的手段主要体现为对儿童的收养，对妇女体现为婚后共同生活共同抚养子女，情节并不严重，因此社会危害性较小；要么就是论证说收买的行为对被害人并不具有实质上的人身危险性，甚至有个别案例里双方已经建立深厚的感情，在此基础上，决定对买方从轻发落。

裁判文书网上的判决书记载的收买被拐卖的妇女、儿童的犯罪事实虽然都是客观描述，不带任何感情色彩，却能看到收买人的自私、冷酷和人性泯灭。尤其是收买妇女，收买人目的直指性和生育，被收买的女性沦为泄欲对象和生育机器，那些不能生育的女性、敢于反抗的女性处境悲惨。我不忍转述这些情节，因为那对象是人，而不是物，但是她们却在日光之下被当成了动物甚至工具。

迄今，《刑法修正案（九）》生效已六年有余。在小康社会，物质极为丰富的背景下，人们更关注人之所以为人的尊严和权益，而随着自媒体的宣传和公安部寻亲行动的深入，越来越多的拐卖、收买事件被公之于众。人们愤怒之下纷纷点赞"人贩子一律死刑"，也呼吁买卖同罪。2021年《亲爱的》原型失散多年的父子相聚和2022年刘某州寻亲后自杀事件，让收买行为被更多人关注，人们再一次愤怒发问：对收买人的惩罚能不能加重？

时至今日，刑法对于收买方的法定刑是不是太低？需要进一步考量。公安机关已将先进技术广泛应用于打击拐卖犯罪案件，以及基层执政力量的下沉和加强，之前存在的解救难度似乎已经缓解；更何况，近年来国家已表达了严惩收买被拐卖儿童行为的鲜明导向，民间对买方无罪的法律认识错误也已逐渐消除，立法机关是时候考虑做出适当调整，加大对收买被拐卖儿童行为惩处力度。

大部分人都同意，在拐卖案件中，买方与卖方均应承担相应刑事责任，但买方相对更轻。罪刑相适应，人贩子比买家所造成的社会危害性更大，故而对前者行为的处罚更重、对后者处罚更轻是应该的。收买行为相比较拐卖行为来说，社会危害性更低，是可以处罚更轻一些，但是这个罪只有一个最高刑期3年，虽然对收买过程中或之后的其他犯罪行为可以通过数罪并罚来解决，比如并罚强奸罪、非法拘禁罪等，但是与拐卖妇女、儿童罪相比，收买罪的量刑档次设置较少，并且在实践中很多都进行了从宽处罚。而域外关于收买行为最高可达10年，如此比较，情何以堪？现行《刑法》针对此罪名，确实到了增加刑期、量刑幅度的时候了，这样才能够体现对人的尊重，真正打击买方市场，遏制这些非法需求。另外，在修法之前，司法机关可以在现有法律框架内，适当加大打击力度，减少适用从轻、减轻以及缓刑。

最后还要提到一个可怕的情形，有一部分收买妇女案件案发时，被害人存在精神分裂等精神残疾。发疯有两种可能：一是精神发育迟滞是自身因素，即她在走失流浪、被拐卖、收买时已经是精神残疾者；二是在被拐卖、收买过程中或之后，因为被控制、长期侮辱、虐待而出现精神分裂等障碍。在徐州事件中，涉事女性患有精神障碍，那么，她婚前的状态究竟如何？精神障碍是因何导致？对她的拘禁、侮辱、性侵等行为和她的精神障碍之间有没有因果关系？当地警方应将此作为审查重点，尽快消除谣言和各界的焦虑。

而那些被拐卖的女性即便确诊精神障碍，又或者她们并非被拐卖的对象，只是流浪至此，亦不能成为某些家族繁衍后代的工具。设身处地想一下，她们本来就因精神疾患无法自理，或被家庭抛弃，或自行走失，却遭受了人世间更大的恶意。一个噩梦的终结，竟然是另一个更可怕噩梦的开始。在人间，还有比这更悲惨的遭遇吗？

对妇女、儿童保护的程度，是一个社会文明程度的真实体现。对弱势群体的保护，是我们的底线保护。作为一名法律工作者，我写法律评论尽量不掺杂感情，但是写这个罪名让我心里发紧。作为一个女性，必须克制着自己的同情、悲愤以及背后泛起的恐惧，这份深渊、这片乌云，或者是集体无意识里带来的森森恶意，稍不注意，就会吞没我以及这个时代每一个都市里自以为安全的女性。如果在这些美好时代里的无辜者、无助者的遭遇面前保持淡漠，认为与我无关，那就是对我们自己最大的背叛。

2023年4月7日，徐州市中级人民法院作出一审判决，认定董某民犯虐待罪、非法拘禁罪，数罪并罚，决定执行有期徒刑九年；认定其他5名被告人犯拐卖妇女罪，依法判处十三年至八年有期徒刑不等的刑罚，并处罚金。

与恶魔同床

据媒体报道，2022年4月8日，浙江省高院对许某利故意杀人案进行了二审宣判，维持死刑立即执行并依法报请最高人民法院核准。经查，2020年7月4日，被告人许某利在妻子的牛奶内投入安眠药，趁其昏睡之际，以残忍的手段将其杀害并分尸抛弃。

也许有人会问，许某利被判处死刑立即执行，是否符合我国少杀慎杀的死刑政策？这与最高人民法院司法解释中提到的"因婚姻家庭等民间矛盾激化引发的故意杀人犯罪，适用死刑一定要十分慎重"是否矛盾呢？本文将在宽严相济、少杀慎杀的刑事政策背景下，对因婚恋家庭纠纷引发杀人案件的死刑适用问题进行粗浅探讨。

为什么慎用死刑？

我国关于故意杀人罪名的量刑的排列顺序与大多数罪名的量

刑排列顺序不同，故意杀人的量刑顺序是"死刑、无期徒刑或者10年以上有期徒刑"，即从重刑到轻刑。如果被告人存在较轻情节，比如防卫过当、义愤杀人，会处以3年到10年的有期徒刑。从立法原意上来看，故意杀人罪应当首先考虑重刑，这种刑罚选择上的倾向性与普通公众的刑罚观念是相同的。但这并不意味着只要杀人就应当适用死刑，尤其是死刑立即执行。

近年来我国犯罪结构发生了重大变化，严重暴力犯罪及重刑率下降，人们的安全感不断提升。但不能否认，由婚恋家庭纠纷引发的故意杀人案件仍在刑事案件中占有一定比重，不时见诸报端引发热议。从凶手的人身危险性或社会危害性看，此类纠纷引发的故意杀人不同于其他类型的故意杀人，最高人民法院才因此特别出台司法解释，要求司法机关要综合考虑案件情节。

1999年《全国法院维护农村稳定刑事审判工作座谈会纪要》中提到了"因婚姻家庭、邻里纠纷等民间矛盾激化引发的故意杀人犯罪，适用死刑一定要十分慎重"。2010年2月8日又印发了《最高人民法院关于贯彻宽严相济刑事政策的若干意见》，其中规定："对于因恋爱、婚姻、家庭、邻里纠纷等民间矛盾激化引发的犯罪，因劳动纠纷、管理失当等原因引发、犯罪动机不属恶劣的犯罪，因被害方过错或者基于义愤引发的或者具有防卫因素的突发性犯罪，应酌情从宽处罚。"

在司法解释的指引下，最高人民法院颁布了一系列婚恋纠纷杀人案的指导性案例。其中的代表性的案例包括2008年王某才故意杀人案，被告人王某才与被害人系恋爱关系，因不满被害人的分手要求，王某才对被害人连续捅刺将其杀害。后凶手自杀未遂。

同年还有2006年李某故意杀人案，被告人李某与被害人曾系恋人，后李某单位因其曾犯盗窃罪而停止其工作，李某认为与被害人有关，遂报复被害人锤击致其死亡。此外还有2006年吴某故意杀人案，被告人吴某与女友因经济上的矛盾产生争吵，吴某猛掐被害人脖子致其死亡。

在以上案件中，被告人都有如实供述、认罪悔罪、积极赔偿被害人家属的经济损失，故法院对被告人判处死缓。值得一提的是，在王某才案中，一审二审均判处死刑立即执行，最高人民法院不予核准，后依法改判为死缓，因为被害人亲属要求严惩，法院决定对其限制减刑。在李某案件中，最高人民法院考虑到本案存在被告人母亲协助抓捕被告人的情况，因此不予核准死刑，后依法改判为死缓，同时因为被害人亲属不谅解，法院决定对其限制减刑。在吴某案中，因被害人存在持续索要财物超出被告人经济承受能力的行为，最高人民法院专门提到，被害人有明显过错或者对矛盾激化负有直接责任的，一般不应当判处被告人死刑立即执行。然而，这个明显过错和直接责任如何认定，各地法院存在不同认识。

被害人的过错和责任

在婚恋纠纷案件中，判断被害人是否具有明显过错和直接责任，从自然意义上说，就是被害人的行为与被杀是否具有引起与被引起的关系；从刑法意义上讲，就是是否具备刑法上的因果关系。我们应当注意，**并不是所有自然意义上的前因后果都可以被**

理解为刑法中的因果关系。

举个例子，在公共场合露富可能招致盗窃，但我们不能因此评价和认定为被害人存在过错和责任。在婚恋家庭纠纷引发的故意杀人中，明显过错主要表现为被害人一方有违法行为或违背社会伦理道德、善良风俗的行为，比如被害人实施了长期的家庭暴力或其他精神暴力等，使被告人在精神或肉体上受到压制。而其他常见的感情纠纷、经济纠纷、第三者插足等行为，不宜评价为被害人的明显过错或者直接责任。

有种意见认为婚内出轨与恋爱期间的"劈腿"行为不应同样对待，婚内出轨导致矛盾引发的杀人案件可以视为被害人的明显过错。因为婚内出轨是对婚姻关系的破坏，一方未尽到忠诚义务，而恋爱关系可以允许任何一方自由选择。但这种意见在实践中也应当谨慎适用，随着现代人婚姻质量意识的增强，婚姻的解体越来越常见，背叛的一方不应背负一个"被杀了活该"的罪名或者危险，而另一方也不应以"杀了你我也死不了"相威胁。这更应该归于道德评价范畴，而不是量刑考量的情节。

所谓直接责任，是指被害人在处理矛盾的过程中，采取不恰当的方式直接激化矛盾，如言语上辱骂、挑拨、刺激行为人等。但这一情节除了被告人的辩解，还需要其他证据加以证明，并且采取一般理性人的认识标准为宜。

另外，上述案件中存在一个值得我们重视和思考的因素，即尽管被告人存在真诚悔罪、尽力赔偿等酌定从轻情节，但被害人亲属坚决不予谅解，这种情况下如何下判？目前看，法院判处死缓，同时通过对被告人限制减刑来缓和被害方家属的情绪，也不失为一种量刑选择。另外，还有种特殊情况，被害人亲属意见不统一的，一些家属予以谅解，而另一些家属坚决不谅解的，如何正确处理被害人亲属施加的压力和背后的舆论压力，对于法官是个考验。

总之，仅仅因为二人之间存在婚恋关系，就推定此类案件不符合死刑立即执行的适用条件显然不符合立法的本意。法官在判决理由中应当对犯罪情节和行为人的人身危险性等进行详细论证，否则会误导公众认为"家务事"一律不适用死刑立即执行。

综上，婚恋家庭中的矛盾如系双方平日生活中因情感、经济方面的摩擦而引发的，在这类案件中，被害人即使没有明显过错，但对矛盾的产生和激化的确有一定的影响。这种矛盾可能是长期积累而最终爆发，凶手希望通过将被害人杀害而得到解脱。这在许某利杀人案中可以得到印证，他在庭审中说杀人动机来源于"权威和自尊心，都化作了怨恨"。当然我们绝不是要指责被害人有过错，**被害人可以对破裂的关系负责，但杀人行为只应归咎于凶手的恶念**。

无法原宥的结局

从司法实践中看，一些案件中，行为人在犯罪的实施过程中情绪失控，在案发后往往追悔莫及，此时判处死刑立即执行可能不利于矛盾的化解，最终的结果只能是行为人和被害人双方家庭相互敌对，不利于社会的稳定与和谐。因此如果凶手存在自首、认罪态度好、有悔罪表现，取得被害方谅解又或者被害人存在过错等法定、酌定从轻情节，这些结合在一起，就可能免除死刑立即执行。

但凶手丧心病狂而被害方没有过错的案例，司法实践中并不少见，对于那些犯罪情节特别恶劣、犯罪手段极其残忍的，就不能免除死刑的适用。比如2015年吉林的栾某保杀妻骗保案，2016年上海的朱某东杀妻藏尸案，这种情况如果仍然不适用死刑立即执行，就是对犯罪的姑息。

在许某利杀人案中，许某利以特别残忍手段杀人并分尸，又将部分尸体组织冲入马桶，同时编造虚假信息掩盖罪行。这与一般的杀人相比，在侵害了被害人的生命权之外，又严重侵犯了善良风俗和伦理底线，极端挑战了人类的恻隐之心。虽然，他的碎尸行为以及编造妻子失踪的谎言并不必然造成更大的危害后果，但是却足以反映出与一般的杀人行为相比，该行为的反伦理、反道德性更加严重，其侵犯善良风俗、伦理底线和挑战人类恻隐之心的程度，可以称得上是"令人发指"。因此，法院依法对许某利宣判死刑立即执行是符合我国刑事司法政策的。

按照许某利的说法，他和妻子在婚姻的前十年一直很好很美满，但后来因不满生活中的种种琐事，怨恨日炽，最终动了杀机。正如英国诗人威斯坦·休·奥顿（Wystan Hugh Auden）所言：**恶魔通常只是凡人一个，他们毫不起眼，他们与我们同床，与我们同桌共餐。**正因为如此，《刑法》第二百三十二条故意杀人罪才有存在的意义，死刑也才能发挥终极作用。

家庭中的冷暴力也是暴力

2022年3月24日，安徽省人大常委会审议了《安徽省实施〈中华人民共和国反家庭暴力法〉办法（草案）》（下称《草案》），拟将冷淡、漠视等行为纳入家暴，最快24小时出人身保护令，这一立法引发了人们的关注。此前于2020年8月施行的《吉林省反家庭暴力条例》也将**冷暴力纳入家暴范畴，规定采取冷淡、漠视等具体行为方式为家庭暴力。**

《中华人民共和国反家庭暴力法》（以下简称《反家庭暴力法》）于2016年3月1日起施行，根据第二条规定，家庭暴力是指"家庭成员之间以殴打、捆绑、残害、限制人身自由以及经常性谩骂、恐吓等方式实施的身体、精神等侵害行为"。人们可能更厌恶和关注的是身体侵害，对冷暴力没有足够的认知。草案列举的冷淡、漠视作为一种冷暴力，属于精神侵害行为，法律同样不应容忍。与此同时，我们也应充分考量受害人群是否能够及时识别冷暴力并发出呼救以及反冷暴力在司法实践中的可操作性。

识别冷暴力

冷暴力在我国并不鲜见,家庭成员之间的冷淡、漠视,体现为一种精神上的折磨和侮辱,有时会直接导致受害人的抑郁。冷暴力的受害者不止女性,一些男性也深受其害却无力发声,但从保护弱势群体的角度,我们更多关注女性在家庭冷暴力中的处境。

很多时候,受害者自己并没有意识到自己正在被伤害,她们不能理解自己为何压抑。长期遭受冷暴力的人,容易出现情绪表达障碍和性格扭曲,而这也往往又成为她们继续被暴力对待的理由。

冷暴力由于复杂而隐蔽,在法庭上很难举证。因此,从预防的角度,首先要从源头上对受害者进行更为全面的保护,使之能够识别并抵抗这种隐秘的暴力风险。受害人遭受家庭冷暴力一般经过三个阶段:开始时,她们感到吃惊,不肯相信;然后感到恐惧,努力讨好;最后感到抑郁,自我攻击。一旦冷暴力成为习惯,受害人将失去反抗的欲望和能力。

有人疑惑,这种无形的伤害真的存在吗?那为什么受害人要停留在这种"无回应之境"中,让受虐成为习惯?其实这种质疑容易造成二次伤害。我们常常见到,打破沉默、说出秘密的女性陷入被害人过错的旋涡。一些貌似洞察真相的声音传来:别人怎么对待你,是你允许的。言下之意就是,都是你性格的问题,你家人才会家暴你;都是你无法沟通,你家人才会漠视你。

对于受害人来说,这样的评价容易让她们产生强烈的自责感,陷入自我怀疑和巨大的矛盾心理。长期以来,社会一直忽视了这种成见造成的消极影响。受害者要么不敢面对,不敢呼救,要么遮遮掩掩。其实，和性侵案件一样，家庭冷暴力里没有完美受害者，只有受害者。受害者本身因为遭受精神虐待陷入低自尊，一旦这种声音盛行，就会给她们带来更可怕的二次伤害，从而使得家庭暴力的黑数增加，受害者维权的门槛变高。

因此，地方立法将冷淡、漠视纳入家暴范畴是一次旗帜鲜明的表态，通过对冷暴力行为的列举、解释和说明，使得受害人能够辨别自身处境从而警惕危险信号，消除耻感，主动向外界求救。不必陷入自我归因，或因惧怕、羞耻而回避他人和社会的支持与庇护。

冷暴力的证明标准

《反家庭暴力法》明确了人身安全保护令制度，这一制度的正式落地，为我国反对家庭暴力、保护受害者合法权益提供了新路径。就立法意图而言，保护令实质上是一种防止家庭暴力发生的事前预防措施。

但《反家庭暴力法》未明确规定人身安全保护令申请人的举证问题，"谁主张、谁举证"的原则在一定程度上对受暴者不利。因为家庭暴力所发生的场地一般是在家中，具有一定的隐秘性，仅有当事人自己的描述很难让法官认定家庭暴力的存在，尤其是冷暴力，这在很大程度上阻碍了人身保护令的签发。从人身保护令驳回的司法文书看，主要原因在于申请人在举证过程中仅有当事人陈述，难以形成证据链来佐证家庭暴力的存在及家庭暴力所带来的伤害。

有鉴于此，首先受害人需要摒弃传统的家庭隐忍观念，遇到家庭暴力时及时求助。如前文所述，可通过宣传教育和舆论环境的改善来慢慢影响传统思维，受害人能够识别危险境地，同时加强收集证据的意识。

其次，受害人可多渠道投诉、求救。《草案》中也提到了单位、个人有权及时劝阻、制止家暴，相关单位和人员收到投诉、反映或求助后，能了解到部分事实，他们的证人证言能用来佐证家庭暴力行为。另外，社区网格服务、24小时电话热线、配偶暴力咨询服务中心等都可以为发现和证明冷暴力行为提供辅助作用。

再次，在收集方面可以公安机关为主、医疗咨询机构为辅的模式来提高证明力度。从申请人身保护令案件的证据类别来看，主要是当事人的陈述，其次是诊疗证明，然后是报警记录。目前看，出警记录和诊疗证明是最为普遍的证明材料，所以构建公安机关为主、医疗和心理咨询机构为辅的证据采集模式是大势所趋。

从证据收集角度，公安机关出警后，应该做好详细记录，包括现场情况、报案人陈述、相关人员的辩解和说明等。医疗机构接待患者后，当初步确定为家庭暴力而接受的治疗，也应区别对待做好详细记录，便于将来公安机关对案件的了解和证据收集；心理咨询机构在职业道德的范围内，也应做好未来的取证准备。同时，受害人应主动说明精神暴力持续的时间、表现形式和造成的后果，避免专业机构进行无关检查。

法官在审理此类案件时，应坚持职权主义的诉讼模式，主导该类案件的全部诉讼过程，在一定程度上引导当事人进行举证。英美法系中，美国对人身保护令适用的证据规则比较宽松，"盖然性优势"的证明标准较轻，只需要受害人证明存在家暴的可能性高于不存在的可能性即可，这体现了家暴案件的特殊性。同样，在德国、日本等大陆法系国家里，对于特殊民事案也有降低证明标准的例外情形。

在我国人身保护令状申请环节，当受害者已经举出初步证据证明存在冷淡、漠视等暴力行为时，可考虑由施害者提供证据证明自己不存在对受害者的精神伤害的故意或过失行为，以举证责任转移来保护弱势群体。

总之，法官应该积极拓宽对证据类型的认知渠道，有效利用报案材料、医疗记录、咨询记录、证人证言等一系列证据对此类案件进行公正认定。简言之，通过庭审，运用逻辑推理并且结合生活经验来综合判断证据。

积极适用人身保护令

人身安全保护令是家庭暴力受害人的护身符，同时也是对施暴者的一种震慑和警示，很大程度上约束了施暴者的暴力行为。

因此，首先要充分发挥人身保护令的事前预防作用，脱离危险是首要条件，即使是在冷暴力的环境下，受害人也应该及早脱离。因此，对正面临或正处于危险的受害者，应立即交由庇护场所安置。待脱离危险环境后，再申请人民法院颁布、送达人身安全保护令，且在保护令执行过程中应由人民法院、公安局和受害人所在社区通力合作，从预防、保护的角度确保人身安全保护令的执行力。

其次要充分发挥震慑作用。为了充分体现人身保护令的权威和有效执行，各国法律对违反保护令都规定了严重法律后果。一旦违反禁令，美国大多数州规定被执行人可能构成藐视法庭罪，也有部分州规定构成重罪。我国司法实践中，对人身保护令的轻微违反，可以进行司法拘留或罚款，严重的可以构成拒不执行司法裁定罪。因此，对于相关判决文书的宣传，也是反冷暴力的一个重要途径。

人性有一个普遍的弱点，那就是怯懦。J.K.罗琳说，不要惧怕提任何名字，因为你恐惧那个名字，就是在恐惧那背后的人，这会让他们得逞、更加猖狂。在冷暴力案件中也是如此。希望各地的反冷暴力立法能够如阳光照射到那些人性阴暗的角落，给予受害者直面危险的勇气，使之免于恐惧、免于暴力。

我们理应配得上这样的安全和自由

据报道,2022年6月10日凌晨河北唐山机场路一家烧烤店多人起冲突,疑因男子酒后生事殴打女子。相关视频迅速流传引发舆情。10日下午,唐山市公安局路北分局发出第一份警情通报,确认发生了寻衅滋事、暴力殴打他人案件,表示警方正在抓捕犯罪嫌疑人。10日深夜,路北分局发出第二份警情通报,两名主犯已抓获归案,其余犯罪嫌疑人仍在抓捕中,两名被害女子住院治疗、伤情稳定,另两名伤势较轻。截至11日清晨,又有三名涉案人员被抓捕。

寻衅滋事还是故意伤害?

警方通报中出现了"寻衅滋事"和"殴打他人"的字眼,意味着此案可能会以寻衅滋事罪立案。

《刑法》第二百九十三条寻衅滋事罪,在我国《刑法》中有"口袋罪"的嫌疑，本身的表现形式多种多样，且容易和其他罪名重合。例如本案中的"随意殴打他人"可以和故意伤害行为重合，第二项"追逐、拦截、辱骂、恐吓他人"可以和敲诈勒索行为重合，第三项"强拿硬要"可以和抢劫行为重合，第四项"任意损毁公私财物"可以和故意毁坏财物行为重合，"在公共场合起哄闹事"也可以和聚众扰乱公共秩序行为或者聚众斗殴行为重合等。因此，实践中就容易出现认定寻衅滋事罪又存有其他罪名争议的情形。

本案为什么以寻衅滋事罪立案，而没有以故意伤害罪立案呢？ 从目前披露的案情可以分析如下。

首先，随意殴打型的寻衅滋事罪要求的客观方面体现为，本着无事生非、争勇斗狠的动机，以故意伤害的方式，希望或者放任社会秩序被破坏并造成社会秩序被破坏的结果；而故意伤害罪则是要求行为人用故意伤害的方式损害他人身体健康，且造成了轻伤以上的后果。

从网上流传的视频看，施暴者与被害人事先并不认识，仅因搭讪未果而施以暴力，这种行为显然属于随意殴打，符合司法解释中"行为人因日常生活中的偶发矛盾纠纷，借故生非，实施《刑法》第二百九十三条之行为的，应当认定为寻衅滋事罪"。而这一滋事殴打行为也确实造成了对公共场所秩序的破坏。

其次，寻衅滋事行为并不要求伤害结果的程度，即使没有造成伤害或者造成轻微伤都可能成立此罪；而故意伤害罪要求有轻伤以上的犯罪结果作为构成犯罪的要件。司法解释中对于随意殴打型寻衅滋事罪中的"情节恶劣"进行了具体列举，其中"致一人以上轻伤或二人以上轻微伤的""在公共场所随意殴打他人，造成公共场所秩序严重混乱"就属寻衅滋事罪中的"情节恶劣"的情形。

从视频中披露的行为,已经基本符合认定寻衅滋事罪的条件。目前尚不清楚被害人的伤情是轻微伤、轻伤还是重伤。相比之下,寻衅滋事罪的基本犯法定刑更高,最高为有期徒刑5年,而故意伤害罪轻伤的最高法定刑仅为3年。但如进一步披露的事实显示,被害人已构成重伤或者死亡,或当量刑达到5年以上,就可能不成立寻衅滋事罪,而考虑成立故意伤害罪或故意杀人罪等。

刑法学界一直都在讨论取消寻衅滋事罪的罪名,概因其规定的四种情形分别都能在其他罪名中找到相同或类似的行为,同时又因条文的粗疏还可能被扩大解释,因此没有保留的必要。但又担心一旦变革会使得一部分犯罪不恰当地由治安处罚或者直接逃过法律规制,导致放纵犯罪的后果。因此,仍会主张在目前的法律框架内,发挥寻衅滋事罪的兜底地位和堵截作用。具体到本案,如被害人只构成了轻微伤,伤害罪名不成立的话,寻衅滋事罪的兜底作用就能得以发挥。

勇气是种稀缺资源

我原本一直活在法律赋予的安全感里。不论是在文章中还是在课堂上,我都说中国很安全。因为近二十年我国刑事犯罪结构发生了重大变化,严重暴力犯罪的犯罪率下降、重刑率下降,而轻微犯罪大幅度上升和轻刑率同步提升,现在数量最多的就是醉驾型的危险驾驶罪、盗窃罪、诈骗罪。我还曾跟学生戏谑说,如果大家不贪财的话，大概率一辈子是不会成为被害人的。

但是现实却打脸了。这个案件就发生在我们身边，一百多公里外的唐山，一个普通的烧烤店，一群穿着打扮、举止消费跟我们无异的人，她们只是很平常地坐在那里吃饭，并没有做错任何事。她们被无故殴打的视频在网上流传，每一秒都看得我们提心吊胆又攥紧拳头，为那些手无寸铁又没有还手之力的被害人揪心，一次次期待有人出手相救又一次次希望落空。从行凶者的暴虐程度，很难相信这是他们第一次作案。而他们在动手前几分钟，也坐在烧烤店吃饭饮酒，然而瞬间就变成了恶魔。

看完视频也有人生气，为什么殴打持续了这么长时间从店里打到店外，都没有人出来制止，看客为什么这么冷血？我不愿意使用"冷血看客"这个词，不在现场不了解情况就在键盘上当喷子很不人道。勇气是一种过于稀缺的品质，在现场面对一群行凶到丧失理智的暴徒，任何人都要先评估一下自己的安全。不过即使当场不敢相助，立刻报警总可以吧？但在视频中，客人们进进出出，看到了似乎也神态平静，竟然没有一个像是被惊吓到要立刻报案的样子。是这里的打架斗殴稀松平常，还是有的人可以装作鸵鸟当一切没发生？

另外，警方的第一份警情通报里只字未提被害人的送医情况，她们伤情如何，是否有生命危险？看完视频的人们可能同样关心这个信息，哪怕此时公布她们伤情的时机还不成熟，就说一句"已经送医没有生命危险"是不是也可以给公众一个交代呢？所幸数小时后的第二份警情通报弥补了这个遗憾。

被伤害的和被侮辱的

与对被害人的同情和唏嘘相关联的,是大家转身对女性亲属、女性朋友的叮嘱:不要去那种地方吃饭,不要那么晚出门。听上去都是好意,然而在女性看来,这不就是一种对被害人的指责吗?这种似是而非的关心实在太熟悉不过了:你是女生,所以你要保护好自己,所以你不能这样也不能那样,所以你才安全。

问题是,为什么女性需要为安全额外付出代价?我们需要的,不就是和其他人一样的人身安全受到保障、尊严不被侵犯的自由吗?我们需要的,不就是一份平等的免于恐惧的自由吗?这个自由前面为什么要附加性别条件、时间条件抑或是体力条件呢?

其实并非因为本案中的被害人是年轻女子,才得到这么多支持和关心。看过视频的人都很愤慨,因为那是暴徒对弱者不含怜悯、不留余地的侵害,不管被害人是女性、男性、小孩抑或老人,在一群行凶者面前,他们都是弱势群体。他们尝试挥动拳头自救,但很快就被打倒在地,被踩在脚下。这就是他们的名字,"被伤害的和被侮辱的"。此刻,这也是我们的名字,所有为之愤怒和动容的人,在本应该文明的时代,我们都被低弱的暴力羞辱和冒犯了。

法律当然会捍卫弱者的权利,也理应为受害人讨回公道。在这片土地上生活着多么善良的一群人,我们愿意把公众利益置于个人利益之上,我们愿意牺牲个人隐私成就公安系统的天网工程,我们愿意遵守一切防疫要求,只在一座城安全的时候才开始个人生活,才和朋友去深夜食堂。所以,我们理应配得上这样的安全和自由。

从现在起，做正确但不容易的事

2022年6月21日上午，河北省公安厅发布了唐山寻衅滋事、暴力殴打等案件的警情通报，讲述了案发经过、被害人伤情、犯罪嫌疑人的其他犯罪线索以及对警务人员的处理情况。其中被害人的伤情引发了舆论的关注，通报称两名被害人为轻伤二级，目前伤情已好转；另两名被害人为轻微伤，无须住院治疗。

伤情不重对被害人来说是好事，能够尽早康复走出阴影，但有不少人心存疑虑，从视频上看数个暴徒围殴被害人，下手狠毒，怎么可能只造成轻伤？会不会鉴定有问题？

法律上的轻伤与重伤

人们有此疑惑很正常。根据我国的《人体损伤程度鉴定标准》，伤情级别从低到高分为轻微伤、轻伤二级、轻伤一级、重伤二级和重伤一级。**这个标准里的轻伤、重伤与普通人理解的"伤**

势轻重"是两个概念。很多法学院的同学在上法医学课时，最大的感慨就是：原来轻伤根本不轻，诸如颅骨骨折、骨盆骨折这样的"严重结果"，在标准里仅属于轻伤二级，颅内出血也才轻伤一级，而大量的轻微伤其实已经触目惊心，包括肋骨骨折、面部划伤、打掉一颗牙等等。总之，轻微伤咱也伤不起。

伤情结果会直接影响对行为人的处罚结果。我国殴打型寻衅滋事罪的成立并不要求被害人的伤害结果，但故意伤害罪的成立，要求伤害的结果在轻伤以上，若伤害的结果属于轻微伤，则不构成犯罪。这也是为什么罗翔老师一直呼吁增加暴行罪和轻微伤入刑。从量刑上看，轻伤最高判3年，重伤量刑3到10年，严重的还可以判死刑，差别很大。

法医鉴定意见有多大效力？

被害人的伤情并不能依靠自身陈述或者目击人的证言来确定，必须依靠伤情鉴定意见。假如伤情鉴定不实，当然会引起司法不公。基于以上理由，我们就来讨论下这份引发关注的法医鉴定意见书以及相关的程序规定。

一般情况下，在侦查阶段遇到专门性问题需要鉴定的，侦查机关可以自行启动。根据前述警情通报，本案中的伤情鉴定是由公安机关启动的，侦查阶段的初次鉴定大多数由侦查机关的鉴定机构进行，不能鉴定的才交由社会鉴定机构进行鉴定。可能出于慎重考虑，本案没有委托唐山当地法医鉴定，而是委托了上海的司法鉴定科学研究院。当然，这家鉴定机构具备法医临床鉴定的资格，也经常接受全国各地公、检、法等机构的送检委托，处理各种重大、疑难、复杂案件的司法鉴定。

从程序上看，启动鉴定没有瑕疵，不过并不意味着这份鉴定意见就不容置疑。2012年我国修订《刑事诉讼法》，用"鉴定意见"替代了"鉴定结论"，用意很明显，"结论"会造成误解，公安司法人员会直接依赖结论认定事实。但从司法鉴定本身来说，鉴定人提供的并不是确定无疑的结论，而只是一个基于科学的分析判断。在实践中，基于相同的鉴定资料，不同的鉴定人可能得出不同的结果，尤其是那些依靠经验判断的鉴定事项。

因此，鉴定意见并没有预设的证明力，并不因其科学性或权威性而受到加持。本案中的司法鉴定意见书也是一样，法医的鉴定意见——对两位被害人的伤情判断，并非终局的意见。

是否可以重新鉴定？

既然不是终局意见，那么重新鉴定就可能发生，它将突破前一鉴定的局限性，也可能在一定程度上提高鉴定意见的准确性和科学性。因此，我国《刑事诉讼法》规定，公安机关、检察机关、人民法院都可以启动重新鉴定，案件的当事人及其诉讼代理人、辩护人可以申请重新鉴定，但需经批准。

为什么法律规定当事人申请重新鉴定需要批准呢？实践中，重新鉴定多集中在伤情鉴定、死亡原因鉴定及精神障碍鉴定三种类型。往往被害人或其家属满意的鉴定结果，被告人不满意；被告人认可的结果，被害人或其家属不认可。比如，某男子在追逃中跳河死亡，是溺水还是心脏病发作，直接关系到行为人是否需要承担刑事责任。第一份鉴定意见不能排除冠心病致死，死者家属断然否定要求重新鉴定；第二份鉴定意见说是溺亡，被告人又提出异议，力证死者水性极好，正常情况下不可能淹死。最后还得靠法官对多份鉴定意见进行综合评断才能下判。

在某些个案中，鉴定次数高达七八次之多，导致案件拖延多年无法审结，既浪费司法资源又降低司法效率；而另一些案件中由于重新鉴定的申请没有被批准，甚至导致社会群体性事件的发生。

事实发现的压力在每个刑事案件中都如此重要，既担心鉴定有误会带来错误的处理结果，又担心重复鉴定何时了，所以不管是当事人还是公安司法人员，都对鉴定程序怀着复杂的感情。

因此，司法解释进一步规定，当事人仅有权申请重新鉴定，公安司法机关并不是理所当然地要给予支持。对于无正当理由质疑原鉴定意见的，申请不予支持。一般情况下，在初次鉴定存在程序性违法或者出现可能影响鉴定意见正确性的事由时，比如涉及鉴定人违反回避规定、认定依据明显错误、鉴定过程明显违反行业规范等，可以支持重新鉴定。

重新鉴定与当庭认证

如果启动重新鉴定，最好由办案机关与案件当事人共同选择司法鉴定机构,这样,不管是当事人还是社会公众,都更容易接受鉴定意见。同时,应当允许有异议的当事人参与、监督、见证重新鉴定的过程,实现鉴定的公开与多方参与,以最大限度地消除当事人和外界对鉴定意见的不信任。

最后同时也是最重要的环节,法官应在庭审中对鉴定意见进行当庭认证。在审判阶段,合议庭可让鉴定人出庭,就有关鉴定情况做出说明,控辩双方通过庭审质证,消除对鉴定意见的疑惑,也能让法官决定是否对鉴定意见进行采信,最后对案件作出判决。

关于鉴定,《刑事诉讼法》做出的上述规定其实并没有预设立场,也不见得有利于指控犯罪,这种设计是要把案件的事实认定放进法律的轨道内。我们并不能认识一切真相,只能通过程序法来建立一种合理的可接受的事实,而这种法律事实,最终将成为判决的依据。

综上,**这份法医鉴定意见书,我们可以质疑,但应当尊重,因为它是按照法律规定进行的,而它的科学性和可靠性,未来将由控辩双方于法庭上进行质证,能不能被采信要由法官说了算。**

做正确而不容易的事

看完唐山打人案视频,几乎每个人都是愤怒的,每个人都有自己的判断。其实这时候严格执法反而是妨碍正义实现的,如果没有法律,大可以直接将这群暴徒以其人之道还治其人之身。有位网友说,既然轻伤这么轻,那就给他们一顿轻伤吧!这个建议真的还蛮解气的，但是法治是什么呢？法治只是一种最不坏的制度，它意味着我们在这个案件里，必须遵守《刑事诉讼法》的各种规定，该鉴定要鉴定，该辩护要辩护，最终的刑责还按照刑法条文去确认，不能判轻也不能判重。但是，等等，他们打人动手的时候可没有考虑轻重。咱们有必要这么"客气"吗？对他们客气，是不是对被害人的残忍啊？就算把他们算成黑恶势力，也不算冤枉他们吧？但刑事诉讼的一个重要价值就在于保障犯罪嫌疑人、被告人的基本权利，因为一旦我们确信他们是坏人，就会情不自禁地予以区别对待。这种双标，可能会妨碍此案中的法治实现。

我认识一位曾经遭遇司法不公的当事人，他在朋友圈里写道："希望落网者不管是打架作恶的还是公安系统的，都能得到公正的对待。"他担心律师不能介入这样的敏感案件——犯罪嫌疑人得不到有力辩护，就没有公道可言。我同意这种观点，此时此刻，批评罪恶、痛打落水狗是容易的，但我们必须选择走更艰难的路，做正确但不容易的事。如果我们真的想要一个法治社会，就必须从当下的这件事开始。

2022年9月23日，河北省廊坊市广阳区人民法院作出一审判决：被告人陈某志犯寻衅滋事罪、抢劫罪、聚众斗殴罪、开设赌场罪、非法拘禁罪、故意伤害罪、掩饰、隐瞒犯罪所得罪、帮助信息网络犯罪活动罪，数罪并罚，决定执行有期徒刑二十四年；其余27名被告人依法判处十一年至六个月有期徒刑不等的刑罚。

这个世界有神奇女侠吗？

电影《神奇女侠》（Wonder Woman）中的天堂岛是一个只有女性的世外桃源，以女王为首的亚马孙女人强壮聪慧、武器精良，坚守着宙斯赋予的保护人类的使命。戴安娜是女王的女儿，她武艺高强，身上蕴藏着未知的神秘力量。一场意外，她人生中第一次见到了男人——来自第一次世界大战的英国军官史蒂夫。从他口中，戴安娜得知外面的世界正在经历战争的磨难。为了拯救人类，戴安娜拿起了长剑与盾牌，和军官离开了天堂岛。她的神秘力量，终于在爱人之死的刺激下得以爆发，最终摧毁了战神的阴谋。

这是一部大女主的电影，戴安娜又美又飒，最后和战神的决战是全剧的高潮，她从女战士变成了拯救世界的女神。虽然女神养成的过程仍然是男性视角的旧瓶新酒，但《神奇女侠》也指出了一些值得讨论的问题，**我们需要如何面对男色消费？女性可以要求生育自治权和性自治权吗？我们需要如何确认女性的力量？女性一定需要被保护和拯救吗？**

男色消费

电影故事的设定是，神奇女侠的意中人史蒂夫教她融入人类世界，教她爱和成长；没有他，神奇女侠就找不到使命所在，也找不到力量的源泉。在这个设定之下，亚马孙的众多女人们，虽然创造了一个完美世界，虽然几千年不需要男人，但对一个外来闯入的男人的能力、知识和专业技能表示佩服，还对外面的男性世界带着深深的畏惧不安。

当镜头用戴安娜公主的视角"消费"男主健硕的胸膛时，导演显然陷入了自娱自乐的美好想象：女性，哪怕是从没见过男性，也一定会被男性的肉体吸引。谁能解释一下，贵为亚马孙公主，每天骑射练武，怎么就对一个从天而降的愣头愣脑的军官产生了荷尔蒙？导演到底是有多自信，才会安排一个世外仙境里的公主演出类似于武侠小说里"一见杨过误终身"的戏码呢？

男主保护女主的戏，我们是熟悉的。在剧中，戴安娜跟随军官史蒂夫进入人类社会，对外界的危险和恶意一无所知，女生的傻气，正好激发男人的保护欲，更何况他们保护的对象，还是无所不能的神奇女侠。这个安排，也符合我们的想象，毕竟在《射雕英雄传》里，郭靖也试图保护比他武功高强的黄蓉。

史蒂夫牺牲了自己。他死之前，对爱人戴安娜说："我拯救今天，你拯救世界。"结局的时候，女英雄确实拯救了世界，然而，无法拯救这部俗套的男性视角的电影。

虽然号称是大女主电影，但是故事并不在意女性的感受。同类的电影、电视剧塑造了一系列又好看又好命还有本事的女性。

女一号是有了，但是对于女性力量的觉醒有正能量吗？看完就知道那是假的，他们只在乎讲个好故事，卖个好票房，根本不在乎女性的成长，也从来不触及女性的真实困境，甚至还要在故事里夹带私货：无论你如何强大，你总是需要男人的。什么时候，在电影里女性可以自己成长，可以靠其他女性的帮助，可以自己一步步摸爬滚打，一步一个脚印地往上攀爬，而不是因为男人都爱我，男人都帮我，那才是一部真正的大女主电影。在东西方文化里，女人作为被拯救的、被保护的、被选择的对象，已经太久了。现在的影视文化，还不足以孕育出可以独立于男性的真正的神奇女侠。

另外，我们已经具备消费男色的意识和能力了吗？虽然在中文互联网世界里，"小鲜肉"这样的称谓不绝于耳，屏幕上也充斥着被凝视的男性脸庞和身体，所以竟然有人以为我们女性已经开始消费男色，或者说开始模仿男权物化女性那样去物化男性了。

说一个讽刺的笑话，我的一位女性朋友第一次理解情绪价值这件事，是在日本的娱乐场所，这些男服务员的工作就是陪她唱歌，用心令顾客开心。但是，作为消费者的她，竟然神情紧张呆若木鸡、进退失据。听完她怅然若失的告解，我觉得这里面蕴藏着深深的隐喻。作为女性，我们在漫长的男权社会中，提供过子宫价值、养育价值、性价值、情绪价值、家庭价值，然而我们还没有学会做一个消费者、剥夺者、享受者，去体会去感受男性提供的同类价值，我们尚不能作为平等的一方去付诸行动。

《神奇女侠》里史蒂夫洗澡并暴露美好身体的一幕，虽然让人尴尬，但是也可以作为女性对欲望和欢愉的公开表达和练习。既然电影屏幕让我们公开表达出来，那也算为女性提供了一点微不足道的练习渠道和媒介吧。说得通俗点,什么时候不尴尬了,什么时候就离两性平等更近了。

生育自治权与性自治权

电影里还涉及女性的生育自治权。故事把戴安娜的生活环境安置在天堂岛,那是一个没有男性的世界,神奇女侠是在没有男人的纯洁无瑕状态下诞生的。她的母亲捏出一个小女孩形状的泥人,诚心祷告,宙斯赋予泥人生命。这就意味着,她的出生是女性自我选择生育权的结果。

当生育与婚姻解绑,女性是不是能获得更大的自由?婚姻制度作为稳定社会的大杀器,其本质是性资源分配的方式,是男性基因传递的手段,也是抚育子女的需要,否则我们的祖爷爷祖奶奶们要婚姻干啥?然而人类辅助生殖技术的发展、女性地位的提高以及多元的社会背景产生,使得婚姻与生育的分离成为可能。当然,婚姻与生育之所以紧密联系,就是因为这种结构能够更好地抚育子女。如果有女性希望拥有生育自治权,希望独自生育并抚养子女时,其必须证明自己有足够的能力对孩子的成长提供物质和情感支持。

然而我们的法律还没有来得及做出反应,或者说立法者更多持保守立场。婚姻与生育之前是紧紧地捆绑在一起的,如想生育,必须在婚姻关系之下。放弃婚姻养育子女,女人你准备好了吗?当你们拥有了选择自由,是否也具备选择的能力和承担后果的能力呢?

同样的问题也存在于女性的性自治权。我国《刑法》关于性自治权的保护主要集中在强奸罪、强迫卖淫罪、组织卖淫罪等罪名上，法律还没有完全达到国际公约的反对歧视女性的要求，比如婚内强奸、熟人性侵、利用职务和身份优势的性侵、职场性骚扰等，在构成要件和证明责任上，采用的标准很有可能对女性不公。

在男权社会，法律不可避免地会依据男性的理解来诠释女性的同意与否。例如，在熟人之间发生的强奸案中，至少在强制不明显的威胁下，女性可能因为害怕而放弃激烈反抗，仅仅表达了不情愿，这种情形就很难被认为是违反妇女意志。事实上，这恰恰是男性津津乐道的"'不'意味着半推半就"。

按照罗翔老师的观点，此类案件中必须尊重女性说"不"的权利。在法律中抛弃"不等于是"这种男权主义的哲学，要求男性尊重女性语言上的拒绝权。从保护女性的角度，这种设计当然很好，但是这一制度也暗含了一种期待，不鼓励女性的性解放和性自由，同时出于保护立场对女性的性同意设置年龄和身份限制。在罗老师看来，女性的性解放运动，对于男性而言，获得性更加便利，有百利而无一害。但当年的女权主义者认为，任何运动都会携带负面效应。关键之处在于，女性在获得性自治的时候，有没有具备与之相关的行动自由的能力和后果承担的能力？

每每论及此中掣肘之处，罗老师都表现出忧虑的神情。在他眼里，女性是真的需要全方位的保护和拯救吗？即使出于善良和正义的目的。如果她不需要呢？假如法律一直没有做好准备，是不是就无法产生可以独立为自己选择承担责任的女性呢？

曾经有人问：到底谁才是中国女人？是冬奥会上获得两金一

银的谷爱凌,还是作为生育机器的处境悲惨的疯女人?这个问题在此刻同样存在,到底哪一个是中国女人的权利需求?是更激进前卫的生育自治权和性自治权,还是最基本的人权,人之为人的尊严?答案是"这些都是",她们都是中国的女人,这也折射出中国女性多层次的权利需求。法律当然不能只回答一种呼唤,而抹杀其他的表达和需求。

女性的力量

在最近的一些公共事件中,我们听到了女性的发声和女性的行动,这可能和事件所涉及的女性遭遇有关。女性就女性议题发表言论当然重要,但是她们应不仅于此。千百年来,女性作为失语者,很难主张自己的诉求,甚至都不能讲出自己的遭遇。莎士比亚的戏剧《泰特斯·安特洛尼克斯》(*Titus Andronicus*)里,刻画了一个经典形象——被强暴的受害者拉维尼亚。她失去了声音,还失去了双手,这意味着她说不出也写不出自己曾经遭受了什么样的暴行。

她们不能发声,我们能说话、能写字的人当然要为其发声。然而,在家暴案或者是职场性骚扰事件中,我们常常见到那个打破沉默说出秘密的女性陷入被害人过错的旋涡。一些貌似洞察真相的声音传来:别人怎么对待你,是你允许的。言下之意就是,都是你性格的问题,你老公才会打你。而职场性骚扰,不管当事人是狂放还是羞怯,都有可能刺激男性的性冲动,这怪谁呢?怪裙子太短?怪男性还没有准备好与女性平等处于同一办公空间?

而即使你遭遇了一个露阴癖，被吓得发出了尖叫，还会有人嘲笑你不应该尖叫，因为都怪你的尖叫给变态者提供了快感。是的，心理学从来没有这样被滥用过。

面对这样的议题，即使是一些有正义感的学者，也会三缄其口。相比之下当然是谈一些保护妇女儿童权益的话题更安全。当我们学会了谨慎地围观、克制地讨论之后，我们为女性世界做了些什么？我们又自我放弃和阉割了一些什么？我们是否存在一些不自知的力量，难道也需要外来的男性加持，才能坐上女王的宝座？因此必须要成为男人的母亲、男人的伙伴，才能分享力量？在电影中，仍然有一个困惑没有解决，女性的力量在自己身上，但是何时才能被自我激发呢？

三八节将至，各处又会悬挂上"女神节快乐"的条幅。几年前中国政法大学校园里的一位女生愤然撕下这些条幅，她在校园网上留言道："谢谢你们，男生，但是请别忘记国际三八妇女节为何而生。"（20世纪初，欧洲和美洲发生的一系列社会主义女权运动共同促成了"三八"国际妇女节的诞生。）这就是神奇女侠小时候的样子吗？

在漫画中，神奇女侠双手被捆绑就会失去超能力，但是在每段故事的结尾，神奇女侠又总能挣脱绳索、摆脱桎梏、战胜强敌。也许，这手上的枷锁和绳套，注定将由我们自行解除。来，这场美好的仗，一起来打。

本文写于2022年三八国际妇女节。

凶兆：谁来拯救罗伊案？

1995年，耶鲁法学院教授高洪柱（Harold Hongju Koh）访谈最高法院大法官哈里·布莱克门（Harry Blackmun）的时候曾经问他，作为罗伊诉韦德案（Roe v. Wade）[1]的主笔者，这是好事还是坏事？布莱克门说，有幸受命撰写此案，是一件幸运的事。人的一生总得做点像样的事。

1999年，布莱克门离世。最好的仗，他已经打过，他将不会看到，在2022年5月3日，一份泄露的美国最高法院判决意见显示罗伊诉韦德案即将被推翻，目前美国首席大法官罗伯茨（Roberts）已经确认了这份意见草案。

此案是最高法院受理的多布斯诉杰克逊妇女卫生组织案（Dobbs v. Jackson Women's Health Organization），本计划于今年6月

---

1 罗伊诉韦德案是美国联邦最高法院于1973年对于妇女堕胎权保护的重要案例，最高法院在此判例中承认妇女的堕胎权受到宪法隐私权的保护，因此各州限制或者禁止堕胎的立法可能违宪。

底或7月初做出判决,案中涉及密西西比州2018年堕胎法案,该法案禁止怀孕15周以上的妇女堕胎。判决草案的意见是:直接推翻罗伊案,将堕胎的立法权交给各州[1]。

在美国历史上,以任何形式泄露最高法院判决意见都是罕见的,要知道最高法院是一个连摄像镜头都不欢迎的地方。这种泄密破坏了最高法院的组织制度和法官之间的信任。显然,这位泄密者赌上了自己的职业生涯,让这场风暴提前到来。

保守派中的保守派:阿利托法官

这份网上流传的意见草案由阿利托法官撰写,他写道:"我们认为,罗伊案和凯西案(Planned Parenthood v. Casey)[2]必须被推翻。"这实在太阿利托了。

2006年小萨缪尔·阿利托(Samuel Alito)成为美国最高法院法官。用他自己的话来说,"我从过去到现在都是一名保守派"。在美国法律界,保守派意味着否认宪法对堕胎权的保护、支持公民持枪、赞同死刑、允许宗教进入公共领域等。而自由派则旗帜鲜明地对上述议题持相反态度。

---

1 当地时间6月24日,美国最高法院做出了此案的判决,推翻了著名的罗伊案,将堕胎权下放到各州。
2 凯西案,又称宾州东南部计划生育组织诉凯西案,是1992年美国最高法院关于堕胎的具有里程碑意义的案件。根据大法官们的多数意见,法院支持1973年罗伊案中确立的堕胎权。

美国最高法院的九人大法官组合，有时自由派居多，有时保守派占据优势，用《红楼梦》的形容，不是西风压了东风，就是东风压了西风。保守派一旦占了上风，就会尽其所能将最高法院引向保守，在共和党执政期间，总统会把推翻罗伊案作为他们任期内的主要政治目标。

早在1991年，阿利托做巡回法院法官的时候，就写判决支持宾州一项限制堕胎的立法，要求已婚女性在堕胎之前必须通知其配偶。案件上诉到最高法院之后，以奥康纳（O'Connor）为首的多数派法官宣布撤销了阿利托的判决。奥康纳大法官特别提到，该判决的立场与现代人对婚姻的理解完全脱节，显得面目可憎，并强调妇女的宪法权利并未因为结婚而缺失。奥康纳的批评令阿利托颇为尴尬，但其保守气质有增无减。

2005年底，阿利托在参议院参加大法官提名的确认听证会，民主党参议员们纷纷逼问他对罗伊诉韦德案的态度，他顾左右而言他，意图蒙混过关。直到听证会第三天，因为民主党参议员言语过激，把坐在一边的阿利托夫人逼到泣不成声，参议院这才勉强通过了对阿利托的大法官任命。

阿利托从未流露过此仇不报非君子的愤慨，但他心里何尝不知道，民主党就是不想让他进入最高法院，就是不想给他机会去推翻罗伊诉韦德案。现在，机会来了。特朗普总统在短短四年的任期内任命了三名保守派的大法官，2022年的最高法院，保守派已经占据了6个席位。

哈里·布莱克门：捍卫者

1973年的罗伊诉韦德案，将堕胎视为一项宪法权利，布莱克门代表多数派法官撰写了这起案件的判决意见。

此案是以7∶2达成的判决，也就是说，当时最高法院的绝大多数法官都赞成本案的判决，包括保守派的首席伯格（Burger）大法官。但人们总是把罗伊案和主笔布莱克门联系在一起。爱他的人把他当作神，恨他的人视他为杀害胎儿的魔鬼。布莱克门就这样被贴上了罗伊案的标签，最终成为女性权利的捍卫者。

伯格大法官把判决意见的撰写任务交给布莱克门的时候，更多考虑的是他曾在一个大型医疗机构担任法律顾问，具备丰富的医学背景，比其他法官更了解医疗制度的发展与动向。因此布莱克门最初关注的并不是女性的权利，而是医生的权利，因为此案中涉及的得州法律认为，除非为了挽救孕妇生命，否则医生实施堕胎就是犯罪，可判处2—5年监禁。但在同一时期，美国公共卫生协会已经表决支持废止限制堕胎的法令，美国医师协会也放弃了他们长期持有的反堕胎立场。

布莱克门在判词中明明白白地写道：本判决维护的是医生根据其专业判断而实施治疗的权利，医生的这一权利应当受到保护。而当时的新闻报道标题也是：堕胎是由女性和医生决定的。

其实布莱克门最初的想法只是捍卫医生的权利，不至于为了挽救孕妇而把自己送进监狱。而最高法院内部的探讨也没有涉及女权和胎儿的生存权问题。为了寻找堕胎行为的正当性，布莱克门论述了个人具有宪法保护的隐私权，"隐私权的广泛性足以涵盖妇女自行决定是否终止妊娠的权利"。

对于各州介入堕胎限制立法的时间，布莱克门持三阶段论。他认为，在怀孕的最初三个月，胎儿尚未成型，堕胎给妇女造成的伤害要小于怀孕以及生产给妇女带来的潜在伤害。在这个时期，可以取决于妇女的意志和主治医生的医学诊断。但是，一旦妊娠继续，各州法律保护的侧重点可以转移到胎儿利益，而非女性权利。三个月之后，各州可以制定法律"以与母亲健康相关的方式"限制堕胎。如果胎儿到了能够自然成活的阶段，各州有权限制或禁止堕胎，除非出于保护母亲的生命或健康的目的。

但偏偏是这些关于胎儿成活标准的疑问，到底是受精的那一刻，一个月，还是三个月，成为罗伊案挥之不去的阴霾。罗伊案可能就错在妄议胎儿的存活标准，这对笃信生命从受孕开始的宗教是一种亵渎。当法院宣布三个月以下的胎儿没存活不保护时，世俗权威侵入了宗教权威的传统领地。反对罗伊案的呼声之所以如此激烈、广泛和持久，宗教的态度是一个重要原因。判决发布的第二天，布莱克门的记事本上就记下：三位红衣主教发来电报。此后便是针对他无休无止的抗议以及人身威胁。他们认为，是布莱克门将美国带进了合法杀人的地狱。

对于布莱克门来说，一个人生的新阶段就这样开始了，他不知不觉走上了捍卫罗伊案的道路。在罗伊案风雨飘摇之际，他数次力挽狂澜。在1989年韦伯斯特诉生育健康服务中心案（Webster v. Reproductive Health Services）中，密苏里州政府认为，罗伊案是一个错误：首先，它确定的胎儿存活的时间点是专断的；其次，罗伊案将堕胎作为一种宪法权利，这既不能从宪法文本也不能从历史找到依据。最高法院以5∶4形成支持密苏里州政府、部分推翻罗伊判例的裁定。布莱克门在反对意见中写道："罗伊案还在，广大女性仍有权决定自己的命运。但凶兆出现，阴风阵阵。"

在1992年凯西案中，罗伊案的地位更加脆弱。这起案件的争议焦点是，宾州的堕胎控制法要求已婚妇女在堕胎手术之前必须通知配偶。为多数意见撰写初稿的伦奎斯特（Rehnquist）法官认为必须要捍卫父权，他还写道："在认定妇女堕胎权为基本权利的问题上，最高法院犯了错误。"一旦他的意见通过，罗伊案就会被推翻。关键时刻，布莱克门迎来了救兵，肯尼迪（Kennedy）、奥康纳和苏特（Souter）达成了一致意见，一方面重申罗伊案的正当性和有效性；另一方面，又通过界定罗伊案而对罗伊规则进行收缩解释，布莱克门的三阶段标准被推翻，但堕胎权仍然被视为宪法权利。

罗伊案又一次得救了，但布莱克门知道，他能为罗伊案做的已经不多了。他要离开最高法院了，而未来的仗，还要靠别人打下去。

1994年，哈里·布莱克门大法官退休。

罗伊案：何去何从

罗伊案之后，通过提名大法官，改变最高法院力量对比，成为美国在任总统推翻或者维持罗伊案的一个重要政治策略。在参议员听证会上，大法官候选人对堕胎问题的态度必然成为争议焦点。

在不久之前，黑人女法官凯坦吉·布朗·杰克逊（Ketanji

Brown Jackson）在接受参议院听证时，也被问道："生命从什么时候开始的？"她说："我不知道。"又问："法律什么时候开始对一个人进行平等的保护？"她说："这个，我也不知道。"这显然是共和党参议员在质询她对罗伊诉韦德案的态度。

罗伊案并没有想成为这样的政治焦点，也从来没有想成为撕裂美国的工具。被罗伊案造福的女性只是被重申和保护了她们的宪法权利，可以自我决定生还是不生。从来就没有什么救世主，只有宪法的保护才能拯救女性。

但是这条路越来越艰难。2021年9月得州立法禁止在得州对怀孕6周的妇女进行堕胎，成为自罗伊案后美国第一个实际上取缔堕胎的州。而美国最高法院以5：4的投票结果驳回了堕胎者和其他人士的紧急上诉。有人担心，这一次，他们什么都没做。而下一次，他们就将推翻罗伊案。

假如罗伊案被推翻，这意味着什么？意味着堕胎不再是一项宪法权利，各州可以各自立法决定堕胎的限制。意味着美国有58%的育龄妇女会生活在反对堕胎的州，未来可能有21个州将明确禁止或严厉限制堕胎，可能会有大量妇女涌入合法堕胎的州去寻求手术机会，而贫穷的妇女将遇到更多堕胎的实际困难。

如同布莱克门法官所言，随着堕胎法日渐严厉，每年将有成千上万的妇女铤而走险，她们因为绝望而违法，她们不得不把自己的健康和安全交给那些缺乏设备和资质的游医，甚至自行堕胎。每年将有许多妇女，特别是穷人和少数族裔，将因此而死亡或者忍受痛苦，这一切都是在强制性道德或者宗教观念的名义下发生的，或许仅仅是因为缺乏怜悯。

推翻罗伊案，把立法权交给各州的结果就是，注定有一些州将通过严刑峻法限制堕胎，注定有少数人的声音是听不到的。一部分妇女的利益将被剥夺，她们只能听任多数人专断和任意地摆布。而一个国家对于人的基本权利应当给予平等保护，不能由各州自行决定。历史上美国曾经允许蓄奴州和废奴州划界而治，而后幡然醒悟为废奴而战，今天为何要掩上耳朵，听不到少数人的哭声？实际上，她们也并不是少数，只是在道德与宗教的名义下，她们的呼救显得无助又无力。

回到阿利托主笔的这份多数派判决意见，人们也想问他同样的问题，推翻罗伊案，这是好事还是坏事呢？因为一己之私或因为一党的政治理念而推翻宪法先例，使得已经深入人心的宪法权利彻底瓦解，宪法进而沦为党争的工具，那么，最高法院存在的意义何在，捍卫的宪法尊严何在？

该报告流出之后，已经有抗议者前往最高法院，与此同时拜登总统也发表声明，假如罗伊案果真被推翻，各级政府的民选官员一定要努力保护女性的选择权。加州的州长已经喊出了这样的口号："我们的女儿、姐妹、母亲和祖母不会被压制。世界即将听到她们的愤怒。加州不会坐视不管。"

当有人以一些宏大的理由，将女性排除在自我决定的权利之外，那么她们确实应该大声告诉这个世界：谢谢，这是宪法权利，这不容代劳！为此，值得向永劫挑战。

当地时间2022年6月24日，美国联邦最高法院正式作出判决，推翻了在美国堕胎权问题上具有里程碑意义的罗伊案。

黑人女法官的诞生

2021年1月,美国最高法院斯蒂芬·布雷耶(Stephen Breyer)大法官宣布将于当年6月退休,提名一位新大法官成为拜登总统的当务之急。谁将接棒布雷耶?这个人并非民选,而是由总统提名,参议院批准。由于大法官终身任职,而总统短则四年长则八年离任,并不是每一任总统都有机会提名大法官。尼克松说:"总统做出的最重要任命,就是对最高法院的法官任命。**总统上台又下台,而最高法院所做的判决,却会永久延续。**"拜登也遇到了任期内最重要的选择时刻。

大法官提名

1994年,布雷耶被克林顿总统提名,他在堕胎、同性婚姻、枪支管制等问题上,总是站在最高法院自由派一边。尤其是在特朗普任期内连续任命三名保守派大法官,使得保守派在9人席位中占据6人之后，布雷耶与其他两位自由派大法官一起对新冠肺炎疫情和得克萨斯堕胎法等重大案件的裁决上提出异议，防止了最高法院进一步右转。如今，他的离职使得拜登总统有机会实现竞选的诺言，提名一位黑人女性大法官。

拜登提名的人选是现年51岁的凯坦吉·布朗·杰克逊（Ketanji Brown Jackson），她毕业于哈佛大学法学院，职业履历包括联邦上诉法院法官、联邦地区法院法官、美国量刑委员会成员等，曾经担任布雷耶法官的助手。国会拟于当地时间4月7日下午1时45分对其提名进行最后的投票确认。如果获得通过，那么她就将成为美国历史上第一位黑人女性最高法院大法官[1]。

从1789年独立开始，美国联邦最高法院大法官均为男性，直到1981年奥康纳成为第一位女性大法官。1993年，金斯伯格（Ginsburg）被时任美国总统克林顿提名并确认，成为第二位女性大法官。最近获提名和确认的女性大法官则是由特朗普提名的艾米·科尼·巴雷特（Amy Coney Barrett）大法官。杰克逊的加入将使最高法院的现任女性法官人数达到4人。

众所周知，总统会选择与其党派政见一致的法律人来担当大法官。在美国一直流传着一个古老的政治谚语：既然有这么多优秀的民主党（或共和党）的法律人，为什么要任命来自敌对阵营的人？偶有例外，因为总统认识到"最重要的是被提名者在思想意识上一致"，正是这一点促使了共和党人的塔夫脱总统将6个任命名额中

---

1 美国国会参议院以53∶47票投票通过了杰克逊的提名，她已正式成为美国首位非裔女性大法官。

的一半给了他欣赏的民主党候选人；民主党人的罗斯福总统任命了共和党人的斯通为首席大法官；民主党人的杜鲁门总统任命了共和党人的伯顿；共和党人的林肯总统任命了民主党人的 S. J. 菲尔德；共和党人的艾森豪威尔总统任命了民主党人的 W. J. 布伦南；共和党人的尼克松总统任命了民主党人的鲍威尔等。但总体来说，跨党任命是少数，毕竟这个位置也是总统的政治遗产。

没有一个总统会将不同政见者送上大法官的位置，然而由于这个位置的任期终身制，加上个人的司法理念难免与时俱进，所以总统也有看走眼的时候。美国宪法学者亚历山大·比克尔（Alexander Bickel）如此评价总统与大法官的关系，"当你任命一个法官的时候，就是把一支箭射向远方。他根本就不可能告诉你，自己在面对问题的时候，到底将如何思考"。历史上最有名的例子就是艾森豪威尔总统任命了厄尔·沃伦大法官，眼睁睁看着他从一个保守派变成自由派的领袖。1990年老布什提名的苏特大法官上任之后积极维护妇女权益，成功阻止了保守派推翻罗伊案的努力，令共和党大失所望。

那么，如何防止总统选错人呢？现在一般都由司法部部长或者白宫法律顾问亲自遴选、严格把关。除了候选人背景、阅历完美无缺，还要审查家庭背景、税收申报记录、公开发表过的文章、审理过的案件等。一来防止被政敌抓住把柄，二来防止候选人隐藏真实政治观点。现在两党对意识形态的审查都加大了力度，选错人的概率已经微乎其微。

参议院听证

获得总统提名，只是第一步。候选人最难的一关，莫过于参加参议员司法委员会的确认听证会。在提问环节，候选人将被严格质询，从司法观点到个人隐私，从宗教信仰到家庭教育，都会被逐一曝光，甚至还有候选人遭遇过被当场指控性骚扰的情况。听证现场步步紧逼，险象环生，绝对不是我们想象的走过场。

根据美国宪法第二条规定，大法官采取的是任命制的方式，即先由总统提名，参议院经过简单多数票的批准之后再由总统任命。大法官的这一产生过程本身呈现出强烈的党派色彩。这里必须强调的是，参议院在行使其批准权时，完全有可能实现对人选的否决。从历史上看，两党意识形态分歧越大，围绕大法官确认的争议就越激烈。

影响参议院行使否决权主要是基于以下因素：被提名者卷入一项有争议的政治问题；被提名者政治上不可靠；被提名者明显的资历不足或才能有限等。另外，也并不是被提名者只要与总统及参议院的多数党派相一致就能通过。数据统计，总统成功提名的机会在80%左右。最近没有获得批准的例子是在2016年，共和党控制的参议院拒绝对奥巴马提名的大法官人选梅里克·加兰（Merrick Garland）进行投票表决。

凯坦吉·杰克逊面临的参议院是由民主党控制的，局面有利。不过，她也必须打起精神应对考验。据说美国联邦最高法院只有两类案件：一类是堕胎案，另一类是其他。对于堕胎问题的不同看法，影响着美国最高法院的法官提名确认。在过去的一周，杰克逊在参议院司法委员会确认听证会上，也回答了这道必考题：怎么看待罗伊诉韦德案？

如果回答支持，共和党将全力抵制她进入最高法院；候选人若表态反对，民主党人也不会善罢甘休。当然，闪烁其词顾左右而言他也是一种选择，首席大法官约翰·罗伯茨2005年接受质询时就是如此，杰克逊也采用了同样的策略。

杰克逊在听证会上表现得冷静且自制，面对有争议的话题，她的办法就是要么什么都不说，要么说一些对方不能不同意的话。当问到她对堕胎权利的看法时，她表示要根据宪法和宪法制定者的初衷裁决案件，同时她也同意特朗普任命的法官对于堕胎先例的看法。当问到是否支持在法庭使用摄像头时，她没有表态。当被问到历年的平均刑期对于杀人犯是否过重的意见时，她回答法官对具体刑期发表意见不合适，要从中立立场来裁决。共和党步步紧逼，质疑她的谨慎和判断力，质疑她为什么在一些涉及儿童色情案件里判的刑期更短，这些攻击似乎是要在犯罪问题上为她贴上软弱的标签。她为自己辩护道："我关注的是法律适用，我确保了被害人孩子们的权利被保障，我也对被告施加了刑罚和其他限制"。她的回答展现的是她的方法论而不是司法哲学，这一点很微妙。

当然，共和党的参议员在听证确认会上表达的攻击和不满也许与杰克逊本人无关，而是源于民主党以前对待他们的态度。因为两党的极化，大法官的选任也越来越近似于党争，别人同意的就是我们反对的，很难再出现参议院高票通过某位法官选任的情形了。就如同2009年苏特大法官离任时表示的那样，最高法院已经堕落为"最高政治法院"。

她的特殊身份

拜登总统评价他提名的候选人黑人女法官凯坦吉·杰克逊是一位"共识构建者、成就卓越的法律人和杰出的法学家";杰克逊在阐述自己的司法原则时强调说:"我将以中立的态度来裁决案件。我将评估事实,并根据我的司法誓言毫无畏惧地、绝无偏袒地将法律适用于我所裁决的案件之中。"在听证会汹涌的攻击和百般刁难的间隙里,民主党议员引用了美国黑人作家兰思顿·休斯(Langston Hughes)的诗来支持她:"让美国再次成为美国,那片从未存在过的土地,但一定是人人自由的土地"。杰克逊激动地落下了眼泪,作为黑人,作为女性,她身上还肩负着另一种负担和使命。

美国社会也密切关注着这位大法官的诞生,虽然她的加入并没有改变最高法院里保守派和自由派的比例,但她将接棒的这个席位曾经属于二十世纪最受争议的大法官之一、承受着"女权斗士"和"婴儿杀手"双重评价的布莱克门大法官,他在1972年代表多数派亲手写下了著名的罗伊诉韦德案的判词,宣布得州禁止女性堕胎的法律违宪,维护了女性在堕胎问题上的自由选择权。几十年后,罗伊案又面临着被推翻的风险,成千上万的美国女性和他们的医生可能因堕胎沦为刑事犯。我的得州女同学感叹道,人类的悲喜并不相通。在中国,女性当然具有堕胎问题上的自由选择权，但在得州却属于违法行为。

属于美国的一个美好时代已经落幕，这让最高法院捍卫宪法尊严的使命变得格外沉重——保守派依靠他们去抵制民主派的放纵，民主派则依靠他们去抵制保守派的顽固。

不管怎样，预祝美国历史上第一位最高法院黑人女法官的诞生。如同金斯伯格所言："当女性获得权力，壁垒就会消失。当社会发现女性能做什么，女性也发现自身能做什么，就会有更多的女性投身其中，我们都会因此变得更好。"不管是女性还是少数族裔，她们的声音将被倾听，她们的力量将被发现。

第 3 章

为"坏人"辩护

偏见无处不在,对嫌疑人有偏见,对受害人也有偏见,

我们自以为看到了全部事实,

其实不自觉过滤了不合心意的其他事实。

永远要警惕自己的偏见,去倾听"坏人"的辩解。

我恨这个案件

2020年4月，多家媒体报道了鲍某某涉嫌性侵养女李某案，因为案件中两人的特殊关系和不忍卒读的侵害细节，很多朋友都感觉到前所未有的恶心和愤怒。一时间，一度立案又撤案的烟台警方处于被口诛笔伐的风口浪尖，不合时宜地以犯罪嫌疑人视角发表文章的财新网也迅速撤稿并道歉。

然而不可否认的是，不管你信不信，罗生门又一次上演。截至目前，当事双方互相指责，对事件的细节有不同描述。此时，连最早报道此案的《南风窗》也保守起来，在文章中说"尘埃尚未落定。总体上看，这是个超乎想象的事件，不仅在于事情的复杂性，还在于那常人无法理解，也很难获得谅解的特殊关系"[1]。

案件还在侦办过程中，最高检和公安部也派出了督查组前往山东，大家且拭目以待。我想**从程序法角度**，借此案谈两个正当

---

[1] 向由，《"高管性侵养女事件"再调查》，"南风窗"微信公众号4月12日刊发。

性问题：一是警惕我们认识过程中的偏见；二是能不能允许"坏人"辩解。毕竟，个案的司法正义，不仅来自对事实的认定和法律的适用，也来自程序正当和对当事人各方权利的充分保障。

事实的认定

  人们对于真相的认识，从蛛丝马迹到浮出水面，是一个从已知到未知的过程。比如我们看到这样的场景：一个孩子满脸是血，号啕大哭，另一个孩子手上是血，惊慌失措。我们并不会立即认定他们之间发生了争执和打斗，我们可能会温和地分开他们，进行细致的询问；我们还会去寻求那些可能知道内情的小朋友的帮助；或者会仔细观察他们玩耍的环境是否本身存在危险；当然如果有条件，我们还会调取监控。人会说谎，物证不会说谎，监控会有实锤。我们会心存疑虑，但小心求证。

  警察办案也是一样，在实践中，他们不可能像柯南那样灵光乍现。面对的大多数案件，最初只能呈现部分碎片，比如被害人的陈述，比如现场的痕迹物证，甚至还有各执一词、相互矛盾的证人证言。一开始，也许知道案件发生的时间、地点，并不了解案件发生原因、经过，何人所为更是笼罩在迷雾之中。警察通过分析，提出潜在可能性的假设，并通过使用一些侦查措施进行核实和验证，最终才能形成完整的案件事实。在这个过程中，必须警惕：要不断核对，不断重启。因为一开始的假设，未必是对的。真相当然只有一个，但是哪一个呢？

我在讲侦查学课程的时候，总是跟学生说：将来做了警察，千万不要觉得自己的判断一定是对的。诉讼法经常会引用洞穴幻象（Idols of the Cave）理论，这是英国哲学家培根（Francis Bacon）提出的阻碍人们正确认识客观世界的幻象之一，是指人们常常在把自己想象出来的理论和观点到处套用，他们不是让理论和观点符合客观的事物，而是强行使客观的事物符合他们的理论；或者说，他们只愿意看到那些符合其理论和观点的客观事物，而无视那些不符合的事物。

如果警察陷入洞穴幻象会怎么样呢？他们会驳斥嫌疑人的辩解是不老实、是狡辩，对那些能够证明他无罪、罪轻的证据视而不见；或者批评报案人别有用心，自行脑补一个"有意义"的叙事。再严重一点，就会走向刑讯逼供和冤假错案。所以，**你以为那些冤假错案都是源自司法不公吗？并不，有一些恰恰来自最真诚的"自以为"，这才是误入的认识歧路。**

如果警察或者那些认定事实的人排除了当事人的参与和辩解，并宣称其发现的就是客观事实，垄断了对事实的发现权。哈耶克说过一句话：通往地狱的路，都是由善意铺成的。用在某些冤假错案里，真是一语成谶。

我们会看到，新闻媒体和公众在不了解全部事实的情况下，匆匆忙忙得出结论——我并不是特指前述鲍某某一案，这个案件的争议不在于事实而在于法律适用——而这样的结论可能存在偏见，与事实并不吻合。公众的反应，夹杂着个人情感和好恶，激烈、直抒胸臆，一旦有片面的认识，非但不能监督司法，反而招致司法的抵触。但考虑到我国国情，要求舆论克制，似乎也不合时宜。别忘了，有些案件的反转还归功于网络矢志不渝的挖掘。

我们可以理解媒体和公众的情绪，但作为事实的发现者，作为专业人士，必须意识到认识过程的特点，无论是在立案环节，还是侦查过程中，不能怀有偏见，不要先入为主。毕竟，案件还是会回到事实上来，我们终究需要通过假设、演绎、验证来完成对法律事实的描述，进而适用法律。

为"坏人"辩护

那能不能允许"坏人"自我辩解？按照前文的逻辑应该是允许的，因为从认识过程的特点来说，他的辩解，更有利于我们认清事实真相。如果他一发声，就斥之为谎言，我们已然陷入洞穴幻象。那么，为坏人辩护呢？一个律师为强奸案中的被告人辩护，该当如何呢？

写到这里想起电影《费城故事》(*Philadelphia*)里的一个情节。这是一个艾滋病患者向就业歧视宣战的案例。安德鲁因为患有艾滋病被律师事务所解雇，为讨回公道他诉诸法律。他的前任雇主，坚决否认解雇原因是他的疾病。双方争执不下。在法庭上，被告派出最得力的律师开始对安进行交叉询问，她的意图就是攻击安德鲁的可信度。

被告律师："你去过种马电影院吗？"

安迟疑了片刻，回答："去过两三次。"

被告律师:"那里放映什么电影?"

安:"同性恋电影。"

被告律师:"同性色情电影?"

安:"是的。"

被告律师:"有人在电影院中做爱吗?你在那里做过吗?"

陪审席和旁听席气氛凝固了。

安:"是的。一次。"他挣扎着,眼神憔悴而绝望。

被告律师:"你知道艾滋病吗?可由同性性行为传染?"

安:"知道。"

此时,安脸色苍白,明显体力不支。

被告律师:"你在事务所工作的时候尽量不让人发现你是同性恋,对吗?"

安:"不对,我没有欺骗过谁。"

被告律师:"作为同性恋者不是经常被迫隐藏性向吗?你一生都扮演一个不是你的人,你熟悉隐瞒事实的伎俩。"律师的问话咄咄逼人。

原告律师:"法官大人,我反对。"

被告律师:"我收回刚才的话。"

被告律师:"当你在影院跟别人做爱时,你是否与米格同居?"

安痛苦地回答:"是的。"

被告律师:"所以你可能传染给他。"

安沉默片刻："米格没有被传染。"

被告律师："你没回答我。你可能当时传染给米格，对吗？"

安："可能。"

被告律师目的已经达到："我没有问题了。"

她在攻击安德鲁的可靠性上占了上风。

但她回到座位，脸色铁青地对同事说："我恨这个案件！"

她恨这个案件，但是她一旦代理，就不得不精准打击。有的律师在挑选客户时几乎不在乎道德评判。林肯一直说他做律师是商业而不是职业，所以他对代理奴隶主或者代理奴隶无所谓，在他开始大声疾呼奴隶制的黑暗之后，还代理过一位奴隶主试图恢复他对逃亡奴隶的人身所有权。

律师可以拒绝代理，但没有临阵反戈的权利。 哪怕是基于正义的背叛行为，也不值得赞赏。某个诈骗案开审之际，被告人的律师竟然在法庭上为被告人做"罪重辩护"，令法庭一片哗然。律师说："我认为被告的行为比诈骗还要严重，应该是属于合同诈骗或者是非法集资行为。"当事人当庭指着律师问："你是不是嫌我判得太轻了？"这种表现可能是疾恶如仇，但却真正伤害了律师对于法治的终极价值。

即使律师恨这样的案件，但只要接手，就必须以客户的利益为重。不管证人多么痛苦，问题多么不堪，律师都必须进行下去。

美国联邦最高法院大法官沃伦·伯格也持近似的观点。他认为，辩护人的作用，尤其是在对抗制中被告辩护人的作用，是用尽所有可以利用的法律武器对案件真相进行检测。他说，被害人证词的可信度与其名声好坏是相关的。通过破坏他的名誉使得人们对这个人的可信度进行质疑是合理的，即使律师知道他说的是真话。

因此律师可以使用专业技能想方设法使得被询问者看上去像在撒谎。比如，向他询问若干年前发生的一件事时，律师会问："那是在几月份？什么时候？啊，你不能确定？你是说，你不记得了？"这样一连串问题背后的阴谋是，律师能让被害人说"我不记得"的次数越多，挫败他的效果越好。事实上，最难堪的情况出现在强奸案件对被害人的询问中，在强奸案件中对被害人造成的伤害要比其他案件更为严重，以至于有的律师选择不代理强奸案件。在强奸案件中对被害人使用的那些问题大多是令人痛苦的。比如说，是被害人想要发生性关系，被害人喜欢被告很久了，引诱他和她约会；欲望，女人有时候不能控制自己的欲望，事后又后悔了；或者是迷惑，女人可能对性感到迷惑，以至于她们不能搞清楚自己做了什么……被害人面对这样的质问，往往都会濒临崩溃，尤其是那些年幼的被害人。

鉴于此，许多国家和地区在立法上禁止对强奸罪被害人询问某些问题，如德国法律规定，只有在不可避免的情况下才能对损害证人名誉或证人亲属名誉的事项进行询问，法院应该制止不适当的发问。日本法律规定，询问被害人不得有涉及损害被害人名誉的以及威吓性或侮辱性的询问。基于保护被害人尊严的重大利益考虑，美国在20世纪70年代确立了强奸盾牌条款，排除了被害人的品格证据以及先前性行为的证据，因此这些内容也不在询问范围内。这些法律规定都是为了防止形成对强奸案被害人的偏见。

可以想象，未来鲍某某案也会有辩护人，他一旦代理，理应捍卫当事人的权利。我理想中的这位律师不仅具有辩护的经验和技术，更重要的是理想的品格。他需要一个坚强的道德内核，因为在此案的辩护中，道德是如此模糊，而规避道德的诱惑如深渊一般。他需要极大的谨慎和勇气，才能既忠于当事人的委托，又遵守内心良知的指引。

人的所思所见，势必会影响自身的判断。偏见无处不在，对犯罪嫌疑人、被告人有偏见，对强奸案受害人也有偏见，很多人认为自己看到了事实全部，其实是他们自觉过滤掉那些与自己判断和价值观不吻合的其他事实。不仅仅他们，写文章的我，也是一样。

永远要对自己的偏见、伪善保持警惕，因此要去倾听对立观点，也许分裂，也许不适，然而必须。

本文写于2020年4月。2020年9月17日，最高人民检察院、公安部联合督导组通报，现有证据不能证实鲍某某的行为构成性侵犯罪，后鲍某某被吊销律师执照，驱逐出境。

"他们不让我活，我也不让他们活"

2022年热播网剧《开端》的故事主线是虚构的嘉林市45路公交车的爆炸案。这一人为爆炸案缘于司机夫妇中年失孤，求女儿死亡真相未果而报复社会。他们选择了特定线路和特定时间，一方面想和死去女儿再聚，另一方面想通过引爆公车来促使警方重启对女儿死因的调查。事实上，这种行为丝毫不能伤害真正的肇事者，还会搭上一车无辜的乘客。剧终循环结束，在乘客和警察的努力下，爆炸没有发生，司机夫妇也幡然醒悟，受到了法律应有的制裁。

现实中似有原型贵州安顺公交车坠湖事件可供参考，结局悲惨。2020年7月7日，贵州安顺一名公交车司机因个人家庭生活不顺和对拆除其承租公房不满，在驾驶车辆的过程中突然转向加速，横穿对向车道摧毁护栏冲入水库，造成21人死亡，15人受伤。类似事件还有陕西米脂赵某伟杀人行凶案造成9人死亡4人重伤、天津张义民驾车行凶案造成9人死亡11人重伤、南平郑某生持刀行凶案造成8名儿童死亡5名儿童受伤等。

侵害对象的无差别化

我国刑法学界把这种行为称为"无差别杀人",行为人选择不特定的被害对象,采取开车撞人、持刀行凶、公交爆炸等杀伤力较大的手段肆意杀人,发泄对社会的不满。**无差别杀人显然出于报复,但它与常规报复最大的区别是侵害对象的无差别化**,即泛化的报复,归根结底是对社会的绝望和失去同情悲悯的道德,才会对无辜的受害者痛下杀手。

常规报复一般针对的是具有报复关系的对象,比如2018年大年三十发生的张某扣杀人事件。根据裁判文书的描述,张某扣家与被害人王某新系邻居。1996年因邻里纠纷,王某新17岁的三儿子王某军故意伤害致张某扣之母汪某萍死亡。后王某军被原南郑县人民法院以故意伤害罪定罪入狱。此后,两家未发生新的冲突,但张某扣对其母亲被伤害致死心怀怨恨,加之工作生活长期不如意,心理逐渐失衡,故意杀害了王某新及其二子、三子。

事件中,张某扣未成年时就遭遇了母亲的死亡,还目睹母亲遗体被当众解剖的整个过程。儿时的心理创伤带来的挫折总会导致某种形式的攻击或冲动。张某扣从被害人变成加害人,给我们留下了一个难以磨灭的复仇故事。这个案件当时引起了民间的激烈讨论,有部分言论对张某扣的复仇行为持同情态度,但法律做出了否定评价,张某扣于2019年被执行死刑。

为什么我们既同情复仇,又恐惧复仇?因为以牙还牙、以血还血是人性,但复仇本身具有残酷性、无节制性和破坏性,一般由被害人或者其家属执行,复仇程度很可能超出一般人认可的应有的平衡状态。而一旦超过限度，又会引起对方的再复仇，冤冤相报何时了？对于任何一个需要安全感和稳定感的社会都是不可容忍的。正是在这种痛苦的经验中，诞生出公力救济，诞生出罪刑法定、罪刑相适应的原则。当然，如果无法诉诸公力救济，就可能有人寻求原始野蛮的私力复仇。显然，一个公正的、为所有被害人可能接近的司法公权力十分重要，如果不能满足，那么复仇事件就容易发生。

而无差别杀人事件产生的原因呢？除了《开端》，我们再来审视其他个案。河北殷某军案件中，殷某军对女儿殷某雪被害一案一审判决结果不服，性情偏执，产生滋事念头；山东王某来案件中，王某来辛苦建造房屋的房产证是村委会通过虚假证明所骗取的，因此被强制拆除，维权无果产生严重挫折感；江西李某才案中，李某才婚姻失败，妻子改嫁，女友因经济原因另嫁他人，一连串婚姻恋爱的失败，让其情感无处寄托，严重受挫；陕西米脂赵某伟案中，赵某伟则称其在米脂三中上学时受同学欺负，现在工作生活不顺，遂决定杀人报复；南平郑某生案件中，郑某生将自己感情和事业的失败归咎于社会，疯狂大叫："他们不让我活，我也不让他们活！"正应了那句话，幸福的人是相似的，而不幸的人各有各的不幸，这些案件里的无差别杀人者都遭受了极大的挫折，产生绝望情绪。

是否所有人处于无差别杀人者相同的情境里，都会实施攻击行为，都会不择手段报复社会呢？答案是否定的。无差别杀人总是由挫折引起的，但挫折并不一定引发攻击行为。**苦难常常是人们犯错的理由，但人们总是有选择的。**人类终其一生，都在用理性扼制本能冲动，从而延缓满足。在诱因面前，采取什么样的方式来满足自己的需要和欲望，是采用合法的方式还是非法的方式，取决于人在面对诱因时是否具有自我调节能力。

面对挫折，无差别犯罪人将挫折归因于他人甚至投射到整个社会。最可耻的是，他们往往屈服于对手的强大或者找不到确切的可以报复的目标，就将屠刀挥向无辜的弱者，毁灭、伤害那些没有防护的人群，甚至是校园里的孩子。

《开端》中我们可以看到锅姨为了引发社会关注，在公车上引爆自制炸弹，造成众多无辜者的死伤。萌萌之死让人同情，但这些无辜的人呢？那个坐在爸爸的车上说"我要西瓜"的孩子何罪之有？泛化报复的行为何其卑劣残忍！

集体责任之殇

赵宏老师评论这一情节时谈到要弄清这些无差别杀人事件背后的真正原因和真实动机，才是对生者的抚慰，也能避免类似事件的发生。我同意，未知他人苦，莫劝他人善。我们不能指望绝望者、执拗者、孤勇者在求告无门的时候，还对法律或者他人心怀善念。心理学上，只有一个人感到自己被整个社会辜负或者放逐时，才可能会对他人产生强烈的抗拒和挑战，进而产生泛化的报复情绪。

说两个极端的例子，我国古代也有隐含着这种泛化报复的故事。一个是"东海孝妇"，东海有一寡妇周青，对婆婆非常孝顺，其婆婆为了不连累她偷偷自杀，却被婆婆女儿告官称其杀害婆婆，周青被杀临死前发誓若是自己受冤，死后东海三年无雨。另一个泛化的报复隐藏在《窦娥冤》中。窦娥临死前心有不甘满腔冤屈，对着天地发了三个誓愿：血溅白练、六月飞雪、三年亢旱。周青和窦娥的临死誓愿，借助了超自然的现象向整个社会证明自己无罪，有对公平的呐喊和对命运的谴责。但她们的怨恨，针对整个社会。引起诅咒而受到三年亢旱之罚的并不限于当事官吏或者加害人，更有普通百姓，这是一种社会连带责任，试想三年亢旱得死多少人啊。换句话说，在被害人的眼里，当雪山崩塌时，没有一片雪花是无辜的。因此，她们才会变成不含怜悯的加害人。

将《开端》中的锅姨以及前述罪案中的犯罪人与周青、窦娥相比，不一定恰当。她们遭遇不同，但苦难、悲愤与绝望的情绪是相似的。我们当然不能指望一个苦难、绝望之人，比如周青、窦娥，能像苏格拉底一样，无论在什么境地下都保持着对法律的信仰，明明学生已经打通所有关节，可以让他从狱中逃走，但他就是不走。他说：也许法律一时有错，但在世俗之城里人人必须守法，雅典人民才有法治的保障。在这个意义上说，苏格拉底必须死，因为雅典的法律需要生存。苏格拉底毅然选择了赴死。这给法学院留下了千年的讨论：恶法非法？恶法亦法？

老实说，我们可以讨论和辩论，但真的面对不公和死亡时，谁还能做到理性、客观和中立呢？在这种时刻，一个受了冤枉的普通人，一个急于求生却找不到求助对象的人，当然可能指责一切自认为应当为她的不幸承担责任的对象，包括社会。在古代，窦娥们要雪冤、要复仇，就只能让更多的人负担这冤屈带来的惨重后果。这也算是一种"集体责任"。但是到了现代,在法治社会、小康社会之下,真正有价值的公共议题是:这份集体责任需要谁来承担?轮到谁倒霉就是谁吗?

心理学者指出,应当有家庭环境、法制完善、媒体规范等社会综合力量的参与。社会学者说,要合理分配社会资源和福利倾向政策,让社会弱势群体受到更多倾向性保护,并对未来发展有希望,缓解其心理失衡,这样使得仇富心理降低和反社会人格减少,并降低社会暴力戾气。法学工作者说,必须要建立全社会对公力救济的信心,合理的利益诉求应当得到满足。谁都知道正确答案是什么,谁都知道解决起来有多么困难。这就是房间里的大象。

杰里米·边沁(Jeremy Bentham)在《道德与立法原理导论》中说,同情与厌恶最容易失之严苛而非宽纵。在讨论无差别杀人案时,同情和厌恶的理由同样存在。虽然这些只是个案,但犯罪的冲动永不会停。每个事件中都可能存在蝴蝶的翅膀,一点理解、一点认同可能就会改变结局。如果可以循环,我们没有理由做一片雪花。

职业打假人偏爱捏"软柿子"吗?

重庆商户王女士通过电商平台卖出婆婆毛妈妈制作的150碗扣肉,被职业打假者发现未在包装上标注生产日期等信息,以出售"三无产品"起诉,法院判王女士赔5万。这事儿上了好几天热搜,也被中国政法大学的同事们热烈讨论。

当我们表达意见时,不妨降下美国哲学家约翰·罗尔斯(John Rawls)的"无知之幕"(veil of ignorance)。在这块幕布之后,每个人不能预知彼此状况,往往会在所有最坏的情况里去选择最好的情况。在揭开"无知之幕"后,谁都不会太不走运,因为保障了最不利者的最大利益,最差也差不到哪里去。

"无知之幕"的设定在法治框架下一样有效,因为所有人的判断都要建立在合法的前提下,杀人利己这种困境并不存在。在这起150碗扣肉案中,降下"无知之幕",会让我们少一些情感投射。如果你无须与小本买卖的王女士共情,也无须力挺"无利不起早"的"打假清道夫",那么,你对本案的事实、适用的法律和背后的价值取向,也许会有不同的态度。

毛妈妈的扣肉是不是非法食品？

据重庆市第一中级人民法院"（2022）渝01民终474号"民事判决书认定，王女士销售的毛妈妈扣肉，在外包装上未标识生产者信息、产品保质期等必要的信息，违反了《中华人民共和国食品安全法》第六十八条及《重庆市食品生产加工小作坊和食品摊贩管理条例》第十九条关于散装食品在包装上标识相关信息的强制性规定，应当认定为不符合食品安全标准的产品。食品安全标准是强制性标准，即生产者必须强制适用。食品安全国家标准由国务院卫生行政部门会同国务院食品安全监督管理部门制定发布，参与者包括行政部门、专家、行业协会、消费者代表等多元人群，其目的是尽量提高这一标准的科学性和实用性。这一严格的标准设计是符合我国国情的，因为迄今为止我国还没有一桩代表性的食品质量索赔案例。强势群体的侵权行为受害人，往往接受"私了"，小事化小，而不是走向法庭。**在国人的心目中，食品安全不靠自己，而要靠政府标准，靠市场监管，这说到底仍旧是一种心理惰性。**重庆市第一中级人民法院认为，毛妈妈的产品属于散装食品，按照《食品安全法》第六十八条要求，食品经营者销售散装食品，应当在散装食品的容器、外包装上标明食品的名称、生产日期或生产批号、保质期以及生产经营者名称、地址、联系方式等内容。如果缺少这些标签，就有"三无产品"的嫌疑。企业无论大小，都应该依法合规经营，小企业想做大也应该补上这一课。毛妈妈案当事人王女士事后也表示，这件事增强了自己的法律意识，所有毛妈妈产品如今都有了严格的包装和标签。

所以，答案很明显，本案中的产品属于不符合食品安全标准的产品，理应整改。毛妈妈还能继续卖她的扣肉吗？可以，补上这些相关标签就能规范经营。这也说明公众无来由地同情大可不必，对于渐成规模的毛妈妈手工作坊而言，这起索赔案或许也是企业规范经营的契机。

非法食品能不能知假买假？

1993年，我国出台了《消费者权益保护法》，首次规定了惩罚性赔偿"退一赔一"，后来又改为三倍赔偿；再后来，在2009年的《食品安全法》中，食品药品的相关赔偿可以到十倍。

在实践中，有的打假者高举《消费者权益保护法》和《食品安全法》的大旗，把打假变成了职业，引发诸多诉讼资源的浪费，最高人民法院的态度是"除购买食品药品之外的情形，逐步限制职业打假人的牟利性打假行为"。这体现在2014年《最高人民法院关于审理食品药品纠纷案件适用法律若干问题的规定》(2021修正)。

其中第三条特别提到，"因食品、药品质量问题发生纠纷，购买者向生产者、销售者主张权利，生产者、销售者以购买者明知食品、药品存在质量问题而仍然购买为由进行抗辩的，人民法院不予支持"。

这意味着，在食品、药品等对身体健康可能造成重大影响的领域，法院倾向于认定职业打假人的消费者身份，并支持其惩罚性赔偿的诉讼请求；而对于其他消费领域，则倾向于不予支持。这显然是为了保障食品药品安全做出的特殊安排，对于保证食品安全、威慑不规范经营的商家具有积极意义。

试想一下，如果买回来的扣肉上没写生产日期和保质期，放坏了怎么办？真吃出了问题，连生产厂家名称也不知道，消费者又该如何投诉？从这个角度看，食品安全标准确实不能放松。

另外，抖音、快手和微店都是新兴的交易模式和消费场景，有时候网红带货喊一声"家人们"，我们纷纷举手"在呢"，此时的产品质量谁在监管？是市场监督部门还是平台企业？如果他们都集体失守，是不是要靠消费者自己来辨识收到的蜂蜜、腊肉的生产日期和保质期？

当然，如《经济日报》评论所言，最关键的是，商家自己须合规经营，做一碗不管是职业打假人还是普通消费者，谁也打不翻的"扣肉"。但在此之前，即使是带着恶意的打假人，也可以成为督促商家合规经营的善意因素。

被污名的职业打假人？

有关本案的一种典型观点认为，职业打假人将矛头对准手工小作坊，属于"拣软柿子捏"。言下之意，你怎么不去找个食品大企业打假？为什么不去挑战大企业呢？究其原因，一来大企业在食品安全上确实投入更多不太容易找到明显的瑕疵，二来大企业背后也有足够的法律资源可以跟这些打假人抗衡周旋。所以，职业打假人当然会选小企业。

众所周知，我国法律对食品安全领域的违法行为，打击力度仍显不足；职业打假人不管选谁，在客观上都可以为沉默的大多数讨回公道，获得惩罚性赔偿也于法有据。我倒认为，捏不了软柿子，就更啃不了硬骨头。再看本案中的这位职业打假人的操作十分熟练，收集证据、网上公证一气呵成，希望他以后还能对抗食品领域的大企业。问题的关键并不是打假选择对象的软硬，而是如何在法律框架内利用惩罚性赔偿把商家的食品安全意识提高，并且进行更大规模的普法教育。经此一役，相信不光毛妈妈，不少消费者都已学到新知识：原来网店里卖的散装食品，也应当标识生产日期、保质期和厂家等信息。

另外，职业打假人也存在污名化的悲剧，"牟利"是他们的原罪，且容易被批评为"假打"。那些名为打假实为敲诈勒索的污水，不应泼到正经的打假人身上。然而，污名化某个职业并不难，你只需要指出他们中有人"跟魔鬼交换了灵魂"，那么对这个人的批判和蔑视，就很容易波及整个群体。对某些案件的愤怒反应，也殃及职业打假人，比如在毛妈妈案中，打假者作为整体，被人厌恶或者不齿。人们会怀疑他们的动机，可是，世界的不美好是打假者造成的吗？遇到问题，我们的本能就是指责他人，根本不管此人曾经为自己而战，又或者此人是不是替罪羊。

对此，福建省工商局提出，要严格区分"职业打假人"和"职业索赔人"，"职业打假人"客观上维护消费者权益，关注产品质量问题，打击假冒伪劣产品，有权依法获取有关奖励和赔偿；"职业索赔人"是以自己牟利为目的，表面上长期从事所谓的打假活动，实质上利用非法手段篡改、伪造、捏造事实，对销售者、生产者进行敲诈勒索，因此要严格查处。上文可以看出，职业打假人的工作，天然地隐藏着危险。这个职业并不完美，甚至说不上是个好职业。但是，扪心自问，沉默的大多数难道不希望有一位勇敢的打假者帮我们出头，对抗那些大大小小的企业，让他们有所收敛，提供更好的质量和服务吗？

最后，必须承认，讨论毛妈妈扣肉该不该十倍赔偿是一件避重就轻的事，甚至"职业打假人从他人的错误中获利"这件事也是个"软柿子"。与之相比，在平台经济和新消费场景下，实现食品安全，维护消费者权益，这个问题重要得多，但这根"骨头"太硬了，不好啃。退一步说，今天我们能把这个法律议题讨论得如此热火朝天，这又何尝不是"拣软柿子捏"？在这个意义上，我们迟早是要啃硬骨头的。

好律师还是好人

最近,朋友圈被青海省西宁市林某青律师涉嫌诈骗、敲诈勒索案的新闻刷屏了[1]。作为法律共同体的成员,学校的学术同仁相互提醒说:律师是个高危行业,要先保护好自己;其次,扫黑扫了黑律师,还可能扫到黑教授。

不提玩笑,仔细研读《起诉书》,公诉方认定的事实是林某青作为涉案黑恶公司的法律顾问,曾通过向法院提起诉讼方式对某受害人实施敲诈勒索。公诉方对于律师的要求如下:既然你是该公司的常年法律顾问,就该对公司业务的合法性进行审查,就该发现该公司犯罪事实。既然你的名牌摆放在公司,就为犯罪分子背书了,所以你就是同案犯……林某青律师一旦因上述逻辑入

---

[1] 2019年1月31日,青海省西宁市城中区人民检察院就林某青律师涉嫌参与"套路贷"犯罪一案提起公诉,引起社会广泛热议。该案后续:2019年8月22日,青海省西宁市城中区人民检察院发布通报依法对林某青作出不起诉决定。

罪，就意味着律师的职业安全将依赖于其当事人是否有罪，这摧毁的是律师制度本身。

在中国做律师颇为艰难。人们很少把律师描绘成弱势群体的天使，如今报道的大多是坏人被捕入狱，而律师却站在他们身旁为其代言；抑或如林某青案，昭然若揭的"套路贷"公司，而律师却为其提供专业法律服务。各种指责扑面而来：他们靠钻法律的空子吃饭，他们靠为黑恶势力背书赚钱。

对某些案件的愤怒反应也会殃及律师，无论他多么技巧高超、诚实有信。律师作为整体被人厌恶或者不齿。人们会怀疑他们的动机，会认为他们忠于客户的利益高于社会正义。世界想要变得美好，莎士比亚有"先杀了律师"之说。可是，世界的不美好、司法的不公是律师造成的吗？律师似乎成了司法关系紧张的症结。

中国历史上，律师被称为"讼棍"，历来受人轻贱。他们的形象是贪婪、冷酷、狡黠、奸诈，善于搬弄是非，颠倒黑白，捏词辨饰，渔人之利。以古代讼师的鼻祖邓析为例，他是春秋战国郑国人，擅长诉讼，其辩论之术无人能敌。《吕氏春秋》记载："洧水甚大，郑之富人有溺者。人得其死者，富人请赎之。其人求金甚多。以告邓析。邓析曰：'安之！人必莫之卖矣。'得死者患之，以告邓析。邓析又答之曰：'安之！此必无所更买矣。'"

这个故事说有人被淹死，打捞起尸体的人要挟死者家属出高价赎尸。邓析对求教的家属说："一分钱也别多出，捞尸人除了能把尸体卖给你家，别人谁愿意出钱买？"捞尸者也来求救，邓析一视同仁，回答说："打捞费一分也别降价，家属除了能问你买，没有别处可以赎回尸体。"

难怪史书记载其"操两可之说，设无穷之词"，并能"持之有故，言之成理"。史书记载，后来郑驷歂杀邓析——邓析的命运是中国历代讼师命运的缩影。你试图在权力与权利之间进行职业说理？这天生隐藏着高度的危险性。

虽然早在战国时期就出现了邓析这样的人物，后来又出现了律师的雏形——讼师，但官方一直对这一行业予以严厉打击，以至律师职业最终未能自发产生。在清末"修律运动"中我国开始尝试移植西方的律师制度，可令人遗憾的是，之后律师业发生重大变化，中途夭折。直至20世纪80年代律师职业开始快速发展，但律师执业难、风险大的社会现实仍然严峻，诸如刑案难办、三百零六条[1]困惑以及公众的误解等等。

我的偶像中国政法大学江平教授在一场关于中国律师的使命的演讲中说："**作为律师，苦乐是你个人的感觉，善恶是你的社会形象，成败是你个人的事业，而律师职业的兴衰关系国家的命运。**"此言一出，闻者无不唏嘘。

有这样一个问题，人类从诞生那一天起到今天以至未来无穷远，究竟在追求着什么？我们很早就解决了活下来的问题，自从有了农业和畜牧业，人类就不用再为填饱肚子费更多心思。余下的漫漫千年长夜，人类为一件事辗转反侧，那就是如何能使我们

---

1 "《刑法》第三百零六条"指"辩护人、诉讼代理人毁灭证据、伪造证据、妨害作证罪"，是1997年刑法修订时新增的罪名，在司法实践中，该罪俗称"律师伪证罪"。

更有尊严地活着。其实,这个时候人类的敌人已经从自然界变成了人类本身。阻碍我们活得更有尊严的,从来不是粮食和财富。真正压抑我们的人性,阻碍我们自由呼吸和体面思考的,从来都是我们自己创造出来的制度和极权。千百年来,我们寻找救赎之路,直到我们发现用权利制约权力。但问题的另一面是,这条路并不平坦。

在没有法治光芒的黑暗之中,我们的所有权利和自由都会被轻易廉价地践踏。可以想象,在这样的环境中有几个人会感到快乐、安全和有尊严。捍卫权利,无须理由!但总要有人帮助我们履行自己的义务。那就是律师。

在大多数国家,律师不是一个理想的职业,承受高压、焦虑,被胁迫也极度缺乏安全感。事实上,他们的待遇和普通白领相比也好不到哪去。如果为了挣钱,更好的选择是做个资本家;如果为了声名,聪明的决定是做个学者;如果为了地位,那毫不犹豫地要做个公务员。总之,以上的种种好处,与律师无缘。

可是,为什么我们仍然选择做一名律师?

对于律师的共识是,律师可以在法律允许的范围内,尽其所能地维护当事人的利益。首先,他必须尽到对当事人忠诚的义务,在法律范围内尽一切努力达成当事人的目标;其次,律师一旦接受当事人委托,就必须抛弃成见,抛弃对当事人品行以及目标的一切个人评价。他要考虑的只是法律以及当事人的利益和目标,除此之外,臧否是非不应左右他的判断。

历史上,著名的律师亚伯拉罕·林肯(Abraham Lincoln)和克莱伦斯·丹诺(Clarence Darrow)都代理过形形色色的当事人,从公司到普通刑事罪犯，无所不包。他们可没有因为某个当事人名声不好而畏首畏尾。在美国的对抗制下，律师不是国家的代言人或者仆人，他们被允许不遗余力地为当事人辩护，甚至是为明知有罪的人辩护。结果不仅是尊重被告人的人权，而且也保护了无辜者免遭不公正的起诉。

律师关心的只有两个因素：法律以及当事人的利益和目标。这个共识的基本预设是，律师和当事人之间是一种特别的关系。律师必须做到"抽离"，不评价当事人品格——作为专业人士，他不得不把许多普通人认为重要的道德因素，视而不见。也就是说，对于律师来说，私人道德必须和专业道德区分。正是这样的"抽离"，可以使得律师从事某些合法却不道德的行为，只要其目的是捍卫当事人的利益，尽一切可能，似乎才是律师该尽的本分。尽管这一目标一般人认为是不道德的。律师的职业就是如此，他们为正义呐喊，更为贫困群体雪中送炭，同时不得不承认，他们也为不道德甚至犯罪辩护。

在有的社会，律师的任务不是去主张当事人的权利，而是要判定当事人是否有罪，如果有罪的话，应该寻求最有利于其改造的制裁方式。因此，前东欧某国律师在叛国罪的审判中这样开始辩护："在社会主义国家里，法官、检察官和律师不存在分工的不同，辩护人必须帮助公诉方发现案件的客观真相。"而后律师否定了被告人的自行辩护，最后被告人被判处死刑。

在苏联，辩护制度被视为抄袭资产阶级诉讼辩论制的版本，是苏维埃法院的异物。律师为不公正的刑事判决所做的努力，遭受到司法行政机关在诉讼内外的反对，有的律师因此被开除。

20世纪50年代初的美国，因为麦卡锡主义泛滥，主流律师不敢为那些受到国会迫害、上黑名单、面临刑事审判甚至死刑的共产主义者辩护。

更恐怖的例子是，德国在纳粹时期曾经出现过代表"国家利益"的律师。因为希特勒一再强调德国律师应当遵守公务员综合素质，比如忠诚、服从、可靠，必须成为"国家利益"的代表。在这种思潮下，纳粹时期的律师若认为当事人的行为违背国家利益，则会在法庭上直接请求法院判刑，而不会为被告人做任何有利辩护。其中著名的案例有，1944年轰动全世界的刺杀希特勒案件中，霍普纳将军的辩护律师在法庭上直接对刺杀者的行为表示厌恶，要求法院判其死刑。

时至今日，律师在法律和道德上当然有权拒绝代理他认为有罪、胜诉无望的当事人。真正的问题是，一位正派的律师在行使这种选择权的时候是否受到舆论和现实的左右？他是否因为害怕受到某种观念的抨击而不敢代理"黑恶势力"？是否因为担心年底不给换执照而不敢代理某些敏感案件？是否因为恐惧《刑法》第三百零六条的风险就不敢接刑事案件？如果是，那说明律师的处境还不够宽松，他们还不能自由地为公民提供法律服务这一必需品。

曾经有一位美国律师被法官阻止发言，他义正词严地说："对不起，法官大人，我不是盆景。"中国人可能会说"我不是花瓶"。之后他收到了支持者寄来的170棵盆景，而且"我不是盆景"这个短语也成为律师积极代理的象征。

一位英国律师曾说："一个律师，在履行职责的时候，在整个世界上只知道一个人,那个人就是他的当事人。为了挽救当事人,使用所有方式和手段,不顾对他人的危险和耗费,这些人也包括他自己,这是他首要的和唯一的职责。在执行这一职责的时候,他必须不顾警告和给别人带来的痛苦和破坏。他必须不顾后果地前行,即使将他的国家引入混乱可能是他不幸的命运。"说这话的是英国著名的律师亨利·布鲁汉姆(Henry Brougham),他当时在为卡洛琳王后辩护,她被控通奸罪而且貌似确有其事。布鲁汉姆的辩词是赤裸裸的威胁,他将出示证据证明国王曾经娶过一个异教徒,按照规定国王将丧失王位。确实如他所说,为了当事人的利益,他要把英国"引入混乱"。最后卡洛琳被无罪开释。大法官在庭后严厉指责布鲁汉姆的行为,但也有人认为,那是人类口中说出的最有分量的话。

如上,我们知道,律师并不完美,甚至说不上是个好人。但是,扪心自问,人们痛恨律师推波助澜之余,亦同样希望得到一位勇敢的律师维护他们的权利。

这就是我们做律师的原因。

第 4 章

在法治中追求正义

如果一个杀人犯应当被处死,
也必须经过合法公正的程序。
非法剥夺一个该死之人的生命绝非公正,
同时也危险至极,
因为这将导致司法的滥权和不可估量的无辜被告人受害。

被害人已经等得太久：追凶与时效

在《刑法》中，只有在追诉时效内，司法机关才有权追究犯罪人的刑事责任；超过追诉时效，司法机关就不能再追究其刑事责任。根据所涉罪名的法定最高刑，追诉时效分成五年、十年、十五年和二十年。轻罪一般五年以后就不追究刑事责任了，而重罪的追诉时效最长达到二十年。

以拐卖妇女儿童罪为例，它的基本犯刑期是五年以上十年以下，这意味着十五年的追诉期限；如果在情节加重的情况下，比如拐卖妇女儿童三人以上的、奸淫被拐卖妇女的、绑架妇女儿童的、将妇女儿童卖往境外的等，刑期可达十年以上、无期乃至死刑，这就意味着二十年的追诉时效。

而收买被拐卖妇女儿童罪的基本犯，法定最高刑是三年，这意味着仅有五年的追诉时效。有人认为收买妇女儿童的犯罪应自对妇女儿童的人身控制状态解除后再计算追诉期限。这种看法并不被我国《刑法》认可。我国《刑法》认为收买行为一旦完成，本罪即告既遂，收买当日起追诉期限就开始计算。从这个角度看，买个孩子养育五年之后就大概率不被追责，被拐孩子的父母情何以堪？

曾有学者撰文为五年追诉期设置的合理性辩护，称"既然收买后的五年期间内对被收买的妇女、儿童都不存在非法剥夺、限制其人身自由或者有伤害、侮辱、强奸等犯罪行为，这充分说明，收买人与被收买人之间'相处融洽'，五年后还强行进行追诉，某种程度上是对本已趋于稳定的社会关系的破坏"，这种观点让人难以接受。

然而立法一日不改，追诉时效必须如此执行，除非存在追诉时效的延长、中断或者特殊核准的情形。以下将从几个引发社会关注的案例入手，**谈谈追诉时效的规定原因和适用规则**。

案例与法理

南京医科大学女生被杀案。1992年3月，南医大88级女生林某，在学校教学楼一间教室上晚自习后失踪被害。因破案条件不足，凶手成谜。案发后，死者的母亲几乎每年都会去南京公安局询问侦破进展。2020年2月23日，时隔28年后，犯罪嫌疑人麻某钢落网。最高检核准追诉，2020年10月14日南京市中级人民法院公开判处麻某钢死刑。

简阳家暴杀夫案。1989年的一个晚上，四川女子杨某云因家暴捅死丈夫，后携子潜逃，又被拐卖至异乡僻壤。2013年4月，杨某云被抓获，并被刑事拘留、逮捕。时隔24年后，四川省人民检察院报最高人民检察院对杨某云核准追诉。最终,最高人民检察院决定,对杨某云不予核准追诉。

这两个案例都是杀人案件,都涉及追诉时效问题。杀人案件二十余年之后为什么可以不追诉?这涉及追诉时效的法理基础。对此学界一直存在多种学说,但几乎每种学说都有瑕疵。

改善推测说认为,经过一定的时间,犯罪人如果没有再犯新罪,在绝大多数情况下就可以推定其已悔改,不致再危害社会。这显然是乐观的性善论的反映。但在被害人家属看来,这一结论并不能被接受。如果悔改有用,还要警察干什么?

证据湮灭说认为,犯罪已过去相当长的时间,难以收集到足够的证据认定犯罪。但这种观点经不起推敲,时间虽然流逝,但科技在进步,南医大女生案恰恰说明,28年前的悬案正是因为DNA技术和大数据的应用才水落石出的,而公安部的"团圆行动"也通过技术赋能,通过血样信息对比使得一些陈年旧案得以暴露。

尊重事实状态说认为,没有执行刑罚的状态持续了很长时间后,事实上已形成稳定有序的社会秩序,若此时再通过刑罚来变更这种事实状态,就会有损《刑法》维护社会秩序的目的。但互联网的存在让大众拥有了长久记忆,悬案不会因为时间的流逝而丧失影响,反而会在媒体的推动下持续发酵。法律又到底应尊重哪一种状态呢?是尊重使用罪恶手段建立起来的其乐融融,还是原本亲子团圆的状态呢?

权力丧失说认为,既然办案机关长时间内不积极有效地行使追诉权和刑罚权,则可以视为办案机关默示放弃自己的权力。虽然这样会使应受处罚的犯罪人免受处罚,但国家对此也只能采取容忍、克制的态度，这也是追诉制度不得不忍受的"副作用"。这一学说在民法和行政法领域也有体现：《民法典》中规定，法律对债权人债权的保护一般是三年，所以债权人必须在诉讼时效内，向有管辖权的人民法院主张债权。说得简单点，到年底了，大家也该看看有没有到期的债权，是不是应该催收？碍于情面长期不催收，很可能法律也不保护你的权利了。《民法》的规定无非是想督促权利人及时行权，同时降低审判成本，节省司法资源。我国的行政处罚法也有类似规定，违反行政行为两年未被发现的，不再给予行政处罚。同样，《刑法》上的追诉时效也旨在敦促司法机关及时履行追诉职责。

现在，大多数人更倾向于认为，《刑法》上的追诉时效是为了敦促司法机关及时履行追诉职责。"时效制度的目的之一在于促使公权与私权（权力与权利）的及时行使，而不是让权力和权利'沉睡'。"倘若司法机关怠于履行职责而导致诉讼时效届满，国家就应该承担不利后果，即无法继续对犯罪人行使刑罚权。

时效延长

无法行使刑罚权，也就意味着无法对此种行为进行刑法评价，也就是说不能再追究犯罪行为人的刑事责任。从督促国家权力的角度，这一制度确实合理。但从被害人角度，从道德与社会情感角度，无法接受。因此，我国《刑法》在规定时效的时候，特别考虑了防止犯罪分子利用时效制度逃避制裁的可能性，集中体现于时效延长和不受追诉期限限制的例外情形上。

时效延长的例外,包括两种情况:一是被害人在追诉期限内提出控告,公检法应当立案而不予立案的,不受追诉期限的限制;二是犯罪分子在办案机关立案侦查或受理案件后,逃避侦查或者审判的。

第一种情况对被害人及其家属来说十分重要。只要他们曾于案发后报案或控告,即使未获受理,本案也不受追诉期限的限制,追凶将进行到时间的尽头。第二种情况是在立案后,确定了犯罪嫌疑人,其亡命天涯的,犯罪分子不能通过熬追诉期限的方式逃脱法律制裁。但如果一直未发现犯罪嫌疑人,原因可能是猎人不够强,也可能是坏人太狡猾。在这种情况下,即使犯罪嫌疑人有消极的逃避侦查行为,比如搬家、换工作、更换身份等行为,也不宜适用追诉时效延长制度。

前文提及的南医大女生被杀案,就一直无法锁定嫌疑人,因此无法对28年后归案的真凶适用时效延长。另外,白银系列杀人案发生在1988年至2002年,大批警方刑侦专家多次"会诊"指导,一直无法锁定嫌疑人,以至于有网友猜测,这个嫌犯可能已经于2002年最后一次作案后死亡,把罪孽和秘密带进了坟墓,真凶再也难查出来了。2016年真凶高承勇浮出水面,距离其最后一次杀人的二十年追诉时效仅有六年。

需要注意的是,"逃避侦查或审判"必须是积极的逃避,以明知为前提,行为人也采取了积极、明显的逃跑、隐匿等逃避侦查或审判的行为,比如,在案发后实施串供、指使他人作证、毁灭证据等。如果行为人只是在惯常的查询身份证信息时提供不实信息，不宜认定为逃避侦查或审判行为，因为该行为是出于趋利避害的本能，行为人也没有自证其罪的义务，因此并不能被认定为逃避侦查或审判的行为。

核准追诉

立法者并非先知，无法断言某些罪行在经历了20年人事变迁之后，是否仍对未来的某个群体存在惩罚或者警示意义，所以特定情况下允许对追诉必要性进行反证，这就是不受追诉时效限制。对于法定最高刑为无期徒刑、死刑的犯罪，即使已经过了二十年追诉期限，但如果从性质、情节、后果等方面综合考虑，认为仍有追诉必要的，还可以通过报请最高人民检察院核准继续对其追诉。

从实际情况看，对于情节和后果严重、社会影响恶劣的重大犯罪，即使已经过了追诉期限，但如果社会危害性和影响依然存在，对这些犯罪分子一般也会核准追诉。典型的例子如马某龙抢劫案。因马某龙的抢劫杀人行为，被害人妻子王某和儿子因惊吓患上精神病，靠捡破烂为生，生活非常困难。案发地群众强烈要求追究行为人的刑事责任，且行为人未有悔罪表现，故核准予以追诉。南医大女生被杀案，麻某钢涉嫌故意杀人罪、强奸罪，法定最高刑为死刑，虽然经过了20年，但其犯罪性质、情节、后果特别严重，因此，最高检也作出核准追诉决定。以上都是依法核准追诉的典型案例。

前述杨某云家暴杀夫案是最高人民检察院《第六批指导性案

例》第22号案,但这一案例又被作为不受追诉时效限制的反例。杨某云虽然杀夫在先,但二十多年后,多数被害人家属已经表示原谅杨某云,且被害人与犯罪嫌疑人杨某云之子吴某也要求不追究杨某云刑事责任。因此,最高检认为,行为人无争议再犯危险性并积极消除犯罪影响,取得被害人及其家属谅解,使社会秩序得以恢复,故不核准追诉。

在个案中判断是否应核准追诉时,最高人民检察院一般会考虑相关罪行与现时社会的关联性,严格审核是否确有必要通过刑罚向行为人、被害人或其亲属、社会公众彰显法律的有罪必罚。不过,为防止追诉时效制度被架空,"应以不核准为原则,以核准为例外"。

拐卖妇女儿童罪的时效适用

以拐卖妇女儿童罪为例,假设犯罪嫌疑人张三夫妇于1998年将20岁的被害人小花从某地拐卖至异地,买家王某出资6000元将其收买,那么对于上述拐卖行为的追诉期限,如果存在加重情节,最高以二十年计算,将于2018年止。而收买方的追诉期限,即收买行为完成之后五年,也就是2003年止。

考虑到《刑法》中对追诉时效还有中断的规定,即在前罪追诉期内又犯罪的,前罪的追诉期从犯后罪之日起计算。那么,假如人贩子张三夫妇在1998年后还犯有新罪,或者又继续拐卖妇女儿童的,当然应该自后一行为发生日重新计算。同样,如果买方还存在其他犯罪，比如强奸罪，追诉期限也要自后罪的行为发生之日起重新计算。

假如本案直到2022年才案发，且不存在时效中断、时效延长的情形，想要追究人贩子张三夫妇的责任，就只剩唯一路径：报请最高人民检察院核准追诉。核准追诉有个前提条件，就是他们确实存在情节加重的情节，法定最高刑将达到无期或者死刑。

我们当然希望犯罪者付出代价，不过突破追诉时效制度去实现正义是不可想象的。2013年7月，简阳警方依法释放了杨某云。2021年6月强奸杀人犯麻某钢被执行死刑。这些案件都在追诉时效制度框架内完成，让我们又相信了那句话："正义虽会迟到，但不会缺席。"

那些长达二十年还在坚持的追凶者，到底是为何执着呢？电视剧《铁证悬案》中，有人问警察："为什么执着于这些多年前的旧案，难道当下案子不比旧案重要吗？"她回答说："旧案更重要，因为被害人等这一天已经等得太久了。"

生还是死：弑母者的结局

2021年8月26日，福州中院公开开庭审理了吴某宇弑母案，吴某宇被判处死刑。在上诉期内，吴某宇已申请二审，并写出"狱中来信"，表达对弑母的悔恨和对生的渴望。原定于2021年12月17日举行的福建高院二审庭前会议，因疫情原因未能如期举行。二审辩护律师徐某表示将申请对吴某宇进行精神病鉴定。

综合媒体报道和庭审披露的事实，2015年7月10日，吴某宇在福建家中将母亲谢某琴杀害。逃亡3年多，他隐姓埋名更换身份，开启了另一段难以言说的人生，又鬼使神差地在重庆机场被抓获。吴某宇一审的死刑结果，让很多人拍手称快。按照我国的死刑程序，死刑由中级人民法院一审，高级人民法院二审，还必须报最高人民法院进行死刑核准。因此，"吴某宇"这个名字，还会在很长一段时间内，出现在我们的新闻报道中。观其信中对生的渴望，他会用尽法律的所有救济途径。

关于死刑复核

先来说说死刑。死刑是最残酷的刑罚，我国古代主张重刑主义，特别是重死刑，导致死刑虽在个别朝代有所减少，但通观漫长的千年，死刑使用泛滥。与此同时，统治者也强调"人命关天"，不能错杀滥杀。先秦就出现了"与其杀不辜，宁失不经"的思想。

死刑复核最早出现在三国时期的死刑奏报制度上，《魏书·刑罚志》记载北魏太武帝时的规定："当死者，部案奏闻。以死不可复生，惧监官不能平，狱成皆呈，帝亲临问，无异辞怨言乃绝之。"也就是说，朝廷杀个人，皇帝还要亲自过问，这是中国法制史上第一次确立死刑复核程序。自此以后，历代皇帝都把死刑案件的最终决定权牢牢控制在手。不过皇帝的重视也不是什么好事，正是因为皇帝控制着死刑大权，君言即法，所以皇帝法外施杀的现象才会屡见不鲜。

到隋唐时期，死刑案件除了需要进行复核外，在行刑前还要再次或者多次奏报皇帝批准，即实行死刑复奏制度。唐代对奏报做了更加详细而严格的规定：凡各地的死刑判决做出后，必须三次奏报皇帝批准，待批准的诏令下达三日后方可执行。宋、元、明、清时期在继承唐代死刑奏报制度的基础之上，又对其有所创新，比较突出的是明朝制定了会官审录制度，清朝出现了朝审、秋审制度。

这些制度在我国的传奇故事里都有体现，比如昆曲《十五贯》中就出现了秋后问斩的情节，监斩官发现罪案疑点后，要求重审。坚持法条主义的都御史周忱以"三推六审"已经结束的程序正义为根据反对重审,而监斩官况钟以"人命关天"的实用主义进行反复说服,最后此案得以沉冤昭雪。

当然,死刑不只存在于历史典籍和故事里。当前我国仍然保留着死刑,但严格控制和慎重适用。为贯彻这一政策,我国在实体法和程序法两个层面进行双轨制布局:在实体法层面,《刑法修正案(八)》和《刑法修正案(九)》相继削减死刑罪名,将原有的68种死刑罪名减少至46种,规定死刑只适用于极少数罪行极其严重、社会危害极大、罪证确实充分、依法应当判处死刑的犯罪分子。大家印象深刻的死刑案件除了吴某宇案,还有大连刘某为发泄情绪驾车撞死、撞伤多人的死刑案件,南昌王某龙杀妻抛尸案以及向某杀害闺蜜法官的死刑案件,上述案件都符合罪行极其严重、社会危害性极大的特征。

在死刑适用的程序法层面,最高人民法院2006年12月发布了《关于统一行使死刑案件核准权有关问题的决定》,明确废止各省高院和解放军军事法院核准部分死刑案件的权力。死刑核准权自2007年1月1日起收归最高人民法院,从而保证了死刑案件质量,也实现了死刑的司法控制。在此之前,最高人民法院并没有统揽死刑复核权,20世纪80年代死刑核准权下放至各省高院,这是在特定历史条件下由最高司法机关作出的授权决定,它对从重从严打击犯罪从而稳定社会治安形势发挥了重大的作用。

但正如同潘恩(Paine)所说:"迫切的需要使得很多事情带有权宜性质,但权宜之计就是权宜之计,长期使用就会带来苦难。""权宜之计和正当行为是两件事。"死刑核准权下放的明显弊端之一,就是死刑核准权下放由高级人民法院行使后,死刑案件的二审法院和死刑核准法院同为高级人民法院。实践中，高级人民法院只进行二审，然后就在刑事裁判文书上加上一句诸如本裁定或判决已核准的字样，不会再单独进行死刑复核程序。这样，在二审法院判决某人死刑的同时也就核准了死刑，死刑复核程序在此毫无意义。

因此，2007年1月1日，各地高院的死刑核准权宣布终结。最高人民法院的刑庭提前招兵买马，当时我在中国政法大学任教，还幻想被选调到刑庭做个死刑核准的法官，可惜此愿未遂。现在最高人民法院的刑庭大楼就坐落在北京东城区北花市大街上，钢筋水泥建筑看起来毫无肃杀之气。它的斜对角是古色古香的吴东魁艺术馆，两层红楼陈列、悬挂着各种水墨丹青。附近的居民总怀疑这是一种布局，毕竟核准死刑的地方终归杀气腾腾，似乎需要书香镇一镇。但他们并不了解，自从死刑核准权收归最高人民法院之后，各地的死刑数量减少了三分之一，有的地方甚至减少了一半。从这个意义上看，这栋楼里进行的工作让被判死刑的人变少了，不由得让人心生敬意。

不出意外，吴某宇的案件假如二审维持原判的话，判决书最后会来到这里。最高人民法院刑庭的法官们将在这里翻开他的案卷。法律会给每一个可能的死刑犯最后的辩解机会。

司法精神病鉴定该不该做？

不过，在2006年的冬天，陕西人邱某华失去了这个辩解机会。

137

2006年7月14日,陕西省汉阴县发生了一夜之间10人被杀的惨案,行凶者邱某华在逃跑途中又砍杀1人,制造了震惊全国的"邱某华杀人案"。抓捕归案后,邱某华一审被判处死刑。据说他对法庭认定的杀人原因有异议,提起上诉。邱某华的妻子及二审辩护人向法院提交了为邱某华做司法精神病鉴定的申请以及家族成员有精神病史的证据材料。

但是检察官认为邱某华精神正常,没有必要为其做精神病鉴定;即便在法学专家、精神病学专家公开呼吁为邱某华做精神病鉴定的情况下,二审法院最终也没有委托鉴定机构为邱某华作精神病鉴定。二审庭审结束后,曾有媒体对邱某华进行采访。他矢口否认自己有精神病,只说自己以前经常有头疼等症状。这起案件最后让人们多少有些意外的是,2006年12月28日上午,陕西省高级人民法院刑事审判庭的庭审只持续了30多分钟的时间,就很快地维持了一审判决,并且对死刑判决予以核准。法院宣判后,邱某华当即被验明正身,押赴刑场,执行枪决。

注意,这一天是在最高人民法院收回死刑核准权生效前四天,给人感觉,似乎是陕西高院有意防止该案进入即将由最高法院主导的死刑复核程序。也就是说,如果陕西高院同意为邱某华作精神病鉴定,本案必然要拖延到2007年之后,那么这个案件必然要进入最高法院的死刑复核程序。如果鉴定结果显示邱某华患有精神病,案发当时无刑事责任能力,法院将经受空前的考验;如果鉴定结果对邱某华不利,当然死刑判决没有争议。这将会是最高法院死刑核准第一案,所有目光都在注视着这一少见的恶性杀人案,关于案件中挖心掏肺之类的细节不需要多说了,确实是匪夷所思。

陕西高院以神奇的速度完成了他们历史上最后一起死刑核准案件,邱某华有没有遗憾呢?我们不知道。我们只知道他在临刑之前还在奋笔疾书自己的传记。他的律师是有遗憾的,律师认为自己的当事人并没有被充分地保护,精神病鉴定的申请被无视,死刑复核程序也被虚置。

在吴某宇案中,我们看到同样的现象。据澎湃新闻证实,此案一审的辩护人多次征求吴某宇的意见,他不同意去做精神病鉴定申请,"觉得没有必要,他知道他所做的这个事情是什么,知道他的问题是出在什么地方,并不是精神的问题"。但因其弑母行为的悖德与残忍,二审律师仍然为他提出了精神病鉴定的申请。

我国《刑事诉讼法》将司法鉴定的启动权赋予办案机关独有,当事人仅有对办案机关提供的鉴定意见享有补充鉴定和重新鉴定的救济权。所以,吴某宇及其律师是无法自行启动精神病鉴定的。由于精神病与刑事责任直接关联,鉴定实务界一般采取"无病推定"的原则。无病推定,意味着不是任何人比如你我,都有机会启动这一鉴定程序的,除非犯罪嫌疑人、被告人存在外在明显的"失常"症状。这是法律对法医精神病鉴定启动限制的条件。

从吴某宇的外在表现看,很难说他有足够多的失常症状,怎么看他都是又冷静又聪明又学霸又多面人格。当然,也要警惕另一种陷阱,因为存在舆论压力或者承受指责的现实性应当启动而不启动,当面临有理由的申请或者有外在"失常"迹象显示时,不启动法医精神病鉴定应当有足够的理由和依据,比如吴某宇能够拿出家族精神病史,这就很难让人拒绝了。

谁为他辩护？

据说吴某宇在狱中给刑事辩护律师徐某写了一封信，情真意切。徐某说："我再三考虑后，认为该案不仅涉及生死、精神病司法鉴定等问题，也有助于思考人性，反思教育和社会问题，以减少类似悲剧的发生。"

吴某宇委托了一位诉讼法出身的律师，这是一个明智的选择。倒不是说实体法的人不愿意为坏人辩护，但诉讼法的同行，才会执着地认为，**刑事辩护的意义不在于为谁辩护，而在于辩护本身**。刑事辩护的意义，是让每一件刑事案件都得到依法的辩护，每一件刑事案件都有合法的程序，依法予以处罚。程序用尽，对于当事人而言，也是一种公正的表现，哪怕他要去地狱，也应该按照程序送过去。

美国著名律师艾伦·德肖维茨（Alan Dershowitz），他代理的案件有一半是所谓的"坏人"，有一半是免费法律援助。他说："我挑选受理的案子，不考虑被告是否真有罪的问题，不看我本人对他个人印象好坏，也不考虑案子胜诉把握大小。"由于他为不受欢迎的当事人进行辩护，引起了不少争议。德肖维茨说："我们选择为某个人辩护，并不代表我们同情这些杀人犯、强奸犯、抢劫犯。如果说一个杀人犯应当处死，那么就必须经过合法公正的程序剥夺其生命。非经合法程序而剥夺一个该死的杀人犯的生命绝对是不公正的，同时也是非常危险的，因为这将会导致司法的滥权和不可估量的无辜被告人受害。"

他还说："即使我了解到有一天我为之辩护的委托人可能会

再次出去杀人，我也不打算对帮助这些杀人犯开脱罪责表示歉意，或感到内疚。我知道我会为受害者感到难过，但我希望我不会为自己的所作所为后悔，就像一个医生治好一个病人，这个人后来杀了一个无辜的人是一个道理。"

话虽如此，我觉得他有一半的案子做法律援助可能也是为了减轻内心的负罪感，虽然这负罪感源自职业本身的要求。我们支持那些不挑当事人的律师，这是正当的；我们也支持那些因为良心不安而拒绝某些当事人的律师。相比之下，接受带来争议，而拒绝获得内心的安宁。

吴某宇案也许会像邱某华案一样，成为法学院课堂上的一个案例。我们今天在这里讨论死刑、精神病鉴定以及律师辩护的意义，大概就是为了抵抗这种时间消减的力量。如果我们仅仅是看见事件本身，同情死者唾弃凶手，然后剧终，那我们的世界还会更好吗？

2023年5月30日，福建省高级人民法院对"吴谢宇弑母案"二审公开宣判，裁定驳回上诉，维持原判。

在精神病的面具背后

法学院有一门课程叫"司法精神病学",是最受学生欢迎的课程之一。老师在课上讲:某重症精神病人认为砍下甲的脑袋,甲醒来后定会到处找自己的头,这个游戏很好玩,便用刀砍下睡梦中甲的脑袋。还有这个:某精神病人有严重的梦游症,一天晚上他起床切西瓜切得很辛苦,一觉醒来发现隔壁邻居被杀,头颅被割下。这些故事给我留下了很深的心理阴影,至今看到西瓜都觉得脖颈凉飕飕的。

司法精神病鉴定的启动

学习"司法精神病学",当然不是为了听故事,而是涉及精神病人的刑事责任能力认定。上述行为虽恶,**但无犯意则无犯人**。我国《刑法》第十八条规定:"精神病人在不能辨认或者不能控制自己行为的时候造成危害结果,经法定程序鉴定确认的,不负刑事责任"，"间歇性的精神病人在精神正常的时候犯罪，应当负刑事责任"，"尚未完全丧失辨认或者控制自己行为能力的精神病人犯罪的，应当负刑事责任，但是可以从轻或者减轻处罚"。这清楚地表明，我国刑事立法明确采取医学标准与法学标准相结合的混合标准认定精神病人的责任能力。如果两种标准同时有利于行为人，则行为人不需要承担刑事责任，换句话说，他应在一所医院或是其他合适的机构接受精神疾病的治疗，而不是在监狱里服刑。

"杀人偿命"听上去朴素又正义，而"精神病杀人不犯法"就让人有点坐立不安。实际上这两种说法都不严密，需要结合历史背景和个案情况，需要各种条件的成就，还存在例外以及例外的例外。弑母者吴某宇的二审律师提出将为他申请司法精神病鉴定，好多小伙伴表示关心：吴某宇有没有可能因此脱罪？他会不会装疯？他的高智商能不能骗过精神病鉴定人？但凡情节离奇手段恶劣的，都说自己有精神病怎么办？

这些担心并不是多余的。司法精神病鉴定程序的启动为什么这么难？原因之一就是鉴定意见对案件处理有重大影响。一旦鉴定意见有利于行为人，他就有可能不负刑事责任或者仅负部分刑事责任。鉴定人和法官将面临来自案件当事人和社会舆论的巨大压力。另外，我国法律虽然把鉴定启动权赋予办案机关独有，但对重新鉴定的次数却没有限制，导致一旦开启司法精神病鉴定的大门，控辩双方只要对鉴定意见不服，均可以申请重新鉴定。如此，案件将久拖不决，诉讼效率低下。

办案机关针对精神病鉴定的启动，一般结合医学标准和法学标准进行综合考量。如果行为人有医院门诊、住院病历记录证明有精神异常史的；或者有精神病家族史的；或者虽没有明确病史，但有证人反映其明显异于常人、头脑笨拙、动作幼稚、有抽搐史等的，再结合行为人的目的、动机、方式、过程有悖常理，一般应当启动精神病鉴定。比如2015年陕西一男子当街残忍暴打小孩，引起公众的极大愤怒。后经办案机关了解，打人男子具有精神病史，因此启动精神病鉴定。而2018年汉中张某扣案，虽然也有当众行凶、连杀数人的残暴行为，但本人既无发病症状，也无精神病史，因此未启动精神病鉴定。总之，从精神病送鉴的情况看，大部分都集中在暴力犯罪，行为人作案手段不合常理且极其残忍，这基本符合前文所述的综合考量标准。

法学人员没有受过系统的医学训练，因此行为人是否患有精神病、患有何种精神病、处于精神病的哪一病程，只能由精神病专家确定。目前，在临床上关于精神障碍的医学诊断标准相对比较完善，基本能够满足精神障碍诊断的需要，医学标准不存在障碍。但关于辨认能力和控制能力的判断尚无标准，完全依赖鉴定人的主观经验和认识，这决定了只能从描述性的角度对精神病人的辨认能力和控制能力进行判断。

谁来判断刑事责任？

目前，精神病鉴定专家不仅可以对行为人是否患病发表意见，还可以对行为人在行为当时是否具备刑事责任发表意见。我们发现,有的法官直接援引鉴定意见,判决书中对于刑事责任能力的描述几乎与鉴定意见书完全一致。而整个法庭审理阶段,鉴定人均未出庭,控辩双方的质证流于形式。这就使得精神病鉴定的医学标准与法学标准都由鉴定人掌握,而未受到应有的审查判断。

刑事责任能力的裁决只有法庭才有权做出,不可能是精神病学工作者的职责范围。当鉴定人完成专业判断后,法官应当实质化地考察精神病人的刑事责任。当然,这一考察可以参考鉴定意见完成,却不应完全受鉴定意见的影响。

司法认定时要注意几个误区:第一,虽是精神病人,但倘若他的辨认、控制能力并未受到精神病症的影响,他就具有完全责任能力。比如,患有抑郁症、厌食症的人或性变态者,他的辨认能力其实不受影响,甚至连反社会人格障碍、偏执型人格、边缘型人格障碍都可能有正常的智力水平,辨认能力和控制能力均与常人无异。所以,重度抑郁症可以算精神病,但千万不要把精神病人和无刑事责任画上等号。第二,不是所有的精神病人都有狂躁、智商低下等一看即知的"不正常"症状或表现,以妄想症为例,行为人可能外在表现完全正常,但其妄想一旦形成,就会导致其彻底丧失辨识能力,陷入想象中的"不是你死就是我亡",在这种病理动机下的支配行为是不承担刑事责任的,因为行为人主观上不能控制和辨认自己的行为。

我们不妨大胆想象一下:陕西邱某华案,如果邱某华被确诊系精神病患,那么他杀人是否需要承担刑事责任呢?这就要研究他在实施杀人行为时,是否具备辨认或者控制能力。

其实陕西高院在二审裁定书中已经充分论述了这个问题。裁定书认定，邱某华事前向他人流露了杀人的想法，说明他的杀人是有计划的；他选择了夜间作案，选择足以致命的斧头、弯刀等凶器，在行为选择能力上与常人无异；他的临场应对能力正常，比如逐一打击各被害人的要害部位，使得10名被害人无一幸免；他的反侦查和自我保护能力正常，杀人后多次躲过公安机关的围捕。所以其控制能力完整。在辨认能力方面，邱某华因私自移动石碑与道观管理人员发生争执，又愤恨道长对其妻有调戏行为，这虽是妄想，也能认定其具有一定的现实动机，结合其直接击打头部的手法，表明邱某华对杀人的目的和结果均存在正确认识，故其辨认能力完整。既然邱某华在杀人时，辨认能力与控制能力均完整，因此法院认定邱某华具有完全责任能力。如果当初二审法院对邱某华启动精神病鉴定程序，即便认定邱某华患有某种精神病，法院也可以适用法学标准认定其应当承担刑事责任，进而判处死刑。

同样引起公众关注的还有2018年汉中张某扣杀人案。张某扣时隔22年为母报仇，连杀三人。辩护人认为，他幼年时目睹母亲死亡，有高度可能患有精神障碍，应当进行鉴定。检察机关未启动鉴定的理由主要为：张某扣母亲、父亲家族均能够证实张某扣身体健康，无家族精神病史；张某扣入伍参军，无异常行为表现；作案前，张某扣进行了周密策划；作案时，张某扣为防止被认出，使用深色帽子、口罩、围巾精心伪装；作案后，张某扣迅速逃离现场，为防止暴露行踪，特意不带手机。也就是说，张某扣作案与正常人作案无明显异常，所以无须进行精神病鉴定。很明显，检察机关也从法学标准的角度对张某扣的刑事责任能力进行了判断。

我们来个对比组，真正的精神病人在作案过程中可能存在哪些异常呢？代入法，如果是常人要犯罪，会做哪些准备？常人犯罪，一定会有不得不铤而走险的理由，会选择合适的作案对象，挑选合理的作案时间、地点，事先准备好相应的作案工具，再聪明一点的作案人，连阿里白（Alibi）证据，即不在场证明都会准备好。所以，**从作案对象、时间、地点、工具的选择上，能够反映行为人控制其行为的能力高低。**常人为了顺利完成犯罪，一般不会盲目，而是见机行事。常人都有畏罪心理，会创造各种条件或者寻找各种借口，试图逃避法律责任，还会积极反侦查、躲避追捕等。

而精神病人一旦出现病理冲动就难以自制，如在行为过程中，精神病人选择作案对象、时间、地点、工具盲目，或者难以依据周围环境见机行事，或者缺乏有效的自我保护，则认定为控制能力受损。对于辨认能力，前文所说的梦中杀人，其辨认能力的缺失也可从其行为发生的方式，如根据被害人与施害人的睡眠位置，击打被害人的部位有无选择，犯罪工具是随手可得还是需要准备，施害人与被害人有无利害关系等进行判断。

无论如何，在涉及精神病人的审判程序中，专家并不是"科学的法官"，鉴定意见也不能代替法官裁决，是否具有刑事责任能力问题应当接受法官的最终审查。司法精神病鉴定意见虽然具有一定的客观、专业性，但是意见本身并没有不被质证的豁免权。对证据进行质证是现代诉讼的基本要求，不能因为法官觉得自己是医学外行就忽略对其进行质证，就放弃对刑事责任法学标准的把握。法官出现判断难题怎么办？把难题交给控辩双方，请鉴定

147

人出庭接受质证，听其讲述推理过程、方法及材料来源。鉴于在刑事案件中精神病鉴定已经是当事人最后的武器，相信控辩双方都会做足功课，充分质证，从而有助于法官做出采信与否的决定。

犯罪心理与刑事责任

说回吴某宇，我作为一个外行，认为关注点与其放在他是否患有精神病，不如分析一下他离奇的犯罪心理。在类似案件里，法院也许会从犯罪动机、被害人过错的角度，考虑被告人的量刑情节。有不少人以为司法精神病研究的是《沉默的羔羊》(*The Silence of the Lambs*)里的汉尼拔，或者是杀人狂魔野牛比尔，其实错了，汉尼拔和野牛比尔属于犯罪心理研究范畴。但犯罪心理和刑事责任没有直接、必然的关系。

我国也曾发生过一些匪夷所思、骇人听闻的系列杀人案，比如2006年侦破的山西阳泉市系列杀人案，凶手实施多起针对女性的杀人碎尸案，他的行为包括把被害人眼皮揭开、内脏掏空、大腿小腿肌肉剐掉等，但凶手精神非常正常。中国公安大学李玫瑾教授后来验证发现，他的犯罪心理受到早年亲子关系的影响，还涉及家庭隐私。另外山东某地曾经发生过一起强奸案，犯罪人还有生嚼被害人脏器的行为，而他的生活、智力、意识、情感、人格都与常人无异。这些人都不是精神病患，他们的犯罪行为可能是源自早年认知的创伤，而今已被潜意识深埋，甚至连心理学者也无法追溯。但无法明确解析犯罪人看似荒谬离奇的犯罪动机，并不影响对犯罪人行为当时辨认能力和控制能力的判断。

  作为一个非医学专业的人讨论司法精神病,多少有些忐忑。但福柯评价精神病学不是医学,而是一种社会学。正因其承载着社会的评价,法律才应当有所作为。在可能涉及精神病患案件的司法过程中,发表意见的每一个人,是否也在凝视内心的深渊呢?包括我。

法律该如何对待举报

举报的前世今生

从历史角度考察，举报的传统来自中国古代君主的权术制衡之道，皇权利用官吏监察制度和鼓励民告官的检举方式以巩固自己的政权。时至今日，我国宪法和法律中的举报制度已经超越了这一传统意蕴，体现出利用公民权利监督国家公权力的诉求。

《宪法》第四十一条将公民的控告和检举权利规定为公民的基本权利，"中华人民共和国公民对于任何国家机关和国家机关工作人员，有提出批评和建议的权利；对于任何国家机关和国家工作人员的违法失职行为，有向有关机关提出申诉、控告或者检举的权利，但是不得捏造或者歪曲事实进行诬告陷害"。但需要注意的是，此处举报的对象是国家机关及其工作人员，条文体现出公民对公权力的监督。也因此，这一条后来被作为《行政诉讼法》的宪法依据，也成为《国家赔偿法》中国家对冤假错案和违法行政行为进行赔偿的法律基础。

在行政领域，举报投诉条款更不在少数。随意翻看行政管理的法律规范，例如《产品质量法》《安全生产法》《治安管理处罚法》《道路交通安全法》等，都能找到举报投诉条款。在这些法律规范中，举报对象的范围已不限于国家机关及其工作人员，而是延伸至所有的违法单位和个人。任何人发现他人违法，都可向行政机关举报。

在这种情况下，举报又成为行政机关获得违法线索、进行市场监管的手段。举报投诉条款在行政领域的大量出现，原因在于现代行政管理已经覆盖到社会生活的方方面面。而监管功能的扩展，必定导致执法任务增加，也会带来执法资源的紧缺和匮乏。鼓励举报投诉，其实就是发动人民群众的力量，积极向行政机关提供违法线索，从而缓解行政执法的压力和弥补执法能力的不足。举报原来的权力制约功能，也因此扩张为公众参与社会治理。

从上述规范来看，**举报在不同的法域中都是公民的权利**。个人提起举报有为自身权益的救济，也有为监督公共事务的管理。而法律规范支持个人举报，也是希望借此机制发挥监督国家机关、提供违法线索、保障个人救济等重要功能。

伴随网络时代的到来，举报也在发生改变。公众已经习惯于利用网络获取信息，也习惯通过网络表达意见并抒发情绪。因此，人们不仅利用网络监督公权力，还将自身所享有的举报权渗入对各种不良信息、冒犯信息的监督中。网络举报自身具有便捷低廉的性质，更是与鼓励举报的现实氛围一拍即合，网络信息举报也因此得以盛行。

除典型的公共领域外，举报同样向很多内部领域蔓延，甚至某些学校也鼓励学生举报，从而对教师的师风师德进行有效管理。在学校设置举报机制后，有老师性侵和潜规则被揭发，也有老师因学术不端被曝光，学校的嗣后处理往往会让人拍手称快。但是，有些举报却引发很大争议，例如在"双减政策"[1]颁布后，仍有一位中学老师热心给学生补课，结果遭遇举报而被处分。道德与法律，人情与制度的矛盾在此彰显，举报在此也暴露出它可能存在的潜在危险。

举报的潜在危险

举报流行所导致的一个显见弊端就是，因为举报的门槛往往过低，举报人很多时候根本无须为举报事项承担任何证明责任，这就导致举报往往沦为捏造事实、毁人名誉、误人清白的手段。我国《宪法》第三十八条明确规定，"中华人民共和国公民的任何人格尊严不受侵犯，禁止用任何方法对公民进行侮辱、诽谤和诬告陷害"。《刑法》和《治安管理处罚法》也都对诬告陷害他人的行为规定了相应的制裁。但当举报发生于虚拟世界时，上述规范就会表现出严重的制裁乏力。

因为网络的虚拟性、聚合性和迅疾广泛的传播力，在诸多网暴案件中，那些始作俑者都只需隐身于键盘之后动动手指，就很

---

[1] 双减政策，指2021年7月出台的学生减负政策，目的在于减轻义务教育阶段学生作业负担、校外培训负担政策，以建设高质量的教育体系。

容易调动围观者的情绪。被迅速聚合起来的围观者，未对事件真相做任何考证，甚至未待相关部门进行审查核实，就轻易凭借所谓的正义感和道德观，在网络上对他人进行无情鞭挞和公开"处刑"。而被举报的个人一旦被卷入其中，也几乎像身处公审大会一样再无处遁形，最终只能颜面尽失彻底社死。

举报的另一弊端还在于公器私用，这一点在行政管理领域表现得尤为明显。因为行政法律规范对举报投诉的鼓励和推广，一些人在与他人发生民事纠纷时，很容易就会想到借由公权介入而向对方施压，进而更高效便捷地满足其私人诉求，公器私用也因此蔓延。尤其是很多网民常常通过举报手段召唤公权力以达到压制另一方的目的，在这一过程中，"自益性"举报和"公益性"举报的界限开始变得模糊不清。

这些事实都证明，泛滥的举报条款更像一把双刃剑，它有可能节约行政成本，促进公众参与，但另一方面也同样会为借举报谋取私利，打压他人提供空间。实践中，在发生民事纠纷且向行政机关举报后，很多人如对行政机关的处理结果不满，都会再提起行政诉讼，这也成为近年来举报投诉案件在行政诉讼中数量激增的重要原因。但这一趋势若不加遏制，又可能导致所有的民事纠纷最后都演变成行政纠纷，民事关系和民事诉讼也最终被行政关系和行政诉讼所彻底吞噬。

最让人忧心的，是举报泛滥对社会信赖机制的摧毁。国家的稳定存续和社会的良性运转在很大程度上依赖于社会中的大多数人对一些基本的良善美德的尊重和谨守，其中就包括人与人之间的互信与体谅，包括不随意举报揭发他人，不利用公权力打压他人。这是人之为人的基本底线,也是社会互信机制得以维系的基础。也因此,学理上对法律和制度上对于是否要鼓励举报,一般都会持相对审慎的立场。

其原因在于,如果公权机关本身不珍视人与人之间的互信与尊重,反而去纵容甚至鼓励人与人之间的举报揭发,其结果就会激发甚至释放出人性的卑劣和幽暗。如果每个人时刻都感到自己是活在他人的监视之下,且噤若寒蝉地担忧自己的一言一行日后都可能被举报揭发,一个自由、宽容和良善的社会就难以形成。

从此出发,法律更应致力于使规范能有助于人性的提升和良善的形成,而非通过挑动人与人之间的相互倾轧去达到治理目的。雨果在《悲惨世界》里写道:"释放无限光明的是人心,制造无边黑暗的也是人心,光明和黑暗交织着,厮杀着,这就是我们为之眷恋而又万般无奈的人世间"。法治社会,应当是每个人都不会活在人人自危之下,也都时刻感受免于恐惧的自由。

法律如何规制举报

举报既然是把双刃剑,在法律上自然就应对其弊端予以防御。

防止滥用举报伤及无辜的第一个办法,是要求有权机关在收到举报后,即使面对汹涌的网络舆情,也应尽力客观公允全面地尽到审查核实义务,而不是将被举报者的命运随便委于喧嚣的公众情绪。在现实中,有的部门未尽充分的调查审核义务,就迅疾对被举报者做出处理。这里有对平息网络舆情的考虑,但这种武断处理不仅严重侵害了被举报者的权利,还会再度激发恶意举报。

审查核实,又可以从这几个方面入手:

第一,初步判定举报信息的真伪以决定是否进入下一流程,针对实名举报和匿名举报作不同的区分,如果是实名举报应尽快告知举报人已受理,并向其核实证据来源以及真实性;匿名举报则要看匿名举报人提供的信息质量,如证据相关度很高,就应该引起重视并履行告知程序。

第二,给予被举报人质证和申辩的权利。对于剪辑拼贴而成的图片、部分出示的微信文字更应要求举报者进行说明,并且规定明确的举证时限,随后再由受理主体开展确认和核实。

第三,受理主体的处理手段应当符合比例原则,在最终未审核清楚之前,还应注意对被举报者个人隐私的保护。

第四,受理主体在法定期限内及时对举报对象和举报事项进行全面调查,并及时将调查和处理结果反馈给举报人。

防止恶意举报的第二个办法,是落实对违法举报者的法律惩处和责任追究。恶意举报、误人清白,践踏的不仅是他人的名誉权和隐私权,还有作为每项基本权利内核的人格尊严。保障个人的任何尊严不受他人诬告陷害侵犯的除了《宪法》外,还有包括《刑法》《民法典》《治安管理处罚法》等在内的诸多刑事、行政和民事法律规范。这些规范约束个人不得随意攻击他人人身、诋毁他人人格,否则就要求其承担相应的刑事、行政和民事责任。对于延伸于虚拟世界的网暴和致人社死行为,上述规范同样会有所适用。

这一点早在全国人大常委会《关于维护互联网安全的决定

（2000年）》中已经申明："利用互联网侮辱他人或者捏造事实诽谤他人；利用互联网侵犯他人合法权益，构成民事侵权的，依法承担民事责任。"对于查实举报人随意剪辑恣意拼贴等伪证方式举报的，应尽快在网络上为被举报者澄清以消除影响。

第三个办法，有权利必有救济。现有的举报条款普遍更关注举报人的权利如"不得泄露举报人信息"，"当有权机关不予受理或不当处理时，有权申请行政复议或是提起行政诉讼"，但对于被举报人的救济规定则屈指可数。增添对被举报人救济的规定，也因此非常必要。当被举报人认为其行为并无不当，且受理主体做出的处理决定不合理、不合法时，应当给予其救济的途径。这些救济有针对举报者的民事诉讼，也应有针对受理机关的行政复议和行政诉讼途径。如此才能平衡好处罚与救济的关系，充分保护案件双方当事人的利益。

结　语

后现代的人类沉浸于虚拟空间，外表越来越文明，但脾气却可能越来越暴躁。如果一言不合，他们可能更习惯于选择举报这一看似守法的行为，却在某种程度上是利用人数优势，肆意打击对手。

相比过去直接线下朝阳公园约架，当下的举报看似文明了，却也变得隐秘而黑暗了。这也是网络举报的双重张力：一方面是行使举报权利和言论自由，另一方面又很容易蜕变为在虚拟空间下多数人的暴力。谁都能用，谁都喊冤。好用的时候，会高举依法举报和言论自由的大旗；反噬其身的时候，又呼唤迟到的正义。

而在网络上，确实又有太多举报成功的案例，"权力的幻觉"也已在网民中间弥漫开来。但是，一旦举报人从中得到借刀杀人的快感，很难不陷入路径依赖，但终有一天，他又会遭到另一种"正义"的血腥绞杀。

听说环球影城的著名网红威震天也被举报了，因为他吐槽游客是"愚蠢的人类"，伤害了举报人朴素的"生而为人"的自尊心。这并不是笑话，毕竟爱因斯坦也说过："有两件事是无限的：宇宙和人类的愚蠢。但对于宇宙是否无限，我还没有那么肯定。"

本文系与中国政法大学赵宏教授合著作品。

取保候审为什么这么难

近日,一起未成年人涉嫌强奸案引发舆论争议[1]。16岁的犯罪嫌疑人小赵,涉嫌强奸17岁的被害人小花,被鲁山检察院批捕。后来,经过鲁山检察官的努力,双方父母自愿签订和解协议书,小赵家长赔偿了8万元。接着,鲁山检察院将强制措施由逮捕变更为取保候审,小赵得以在开学时重回课堂。

需要指出的是,取保和当事人双方签订和解协议并不意味着无罪,对小赵的定罪量刑还有待法院的判决。但由于鲁山检察院部分宣传措辞不妥,舆论哗然:强奸少女的罪犯何以"重回课堂"?难道不应该踏实关在看守所里吗?

为什么要对本案中的未成年犯罪嫌疑人变更取保候审?检方可以做如下回应:首先,《刑事诉讼法》明文规定,对未成年犯罪

---

[1] 2018年9月,鲁山县人民检察院通过官方微博发表一篇题为"鲁山一初中生一时冲动犯错,检察官介入下双方冰释前嫌"的文章,由于文中涉及一起强奸未成年少女案件,而引发社会广泛关注。

嫌疑人、被告人应当严格限制适用逮捕措施；其次，本案的犯罪嫌疑人小赵的社会危害性较低，符合适用取保候审的实质性条件。再次，从法治的角度，降低审前羁押率是大势所趋；最后，本案中犯罪嫌疑人小赵能随传随到，配合办案机关查清案情。

所以，从各方面看，此案变更取保并无不妥。那取保为何让公众感觉不妥？也许是对于犯罪嫌疑人、被告人不羁押让人联想到"放虎归山""逍遥法外"？但这并不是取保候审的初衷。

取保候审制度从1979年就写进了我国《刑事诉讼法》，在法条里，它是公检法三机关对于符合法定条件的犯罪嫌疑人、被告人，责令其提出保证人或交纳保证金，以防止其逃避侦查、起诉、审判，保障刑事诉讼程序顺利进行的一种强制措施。

取保的初衷是既要保障诉讼顺利进行，又要减少对犯罪嫌疑人、被告人自由权利的侵害，不过它的真正价值并没有体现出来。在实践中，取保已沦为对那些不能被羁押，但仍然需要继续控制的人采取的替代措施。

立法机关意识到中国刑事审前羁押率居高不下的问题，于2012年修订《刑事诉讼法》，对取保候审制度进行了扩充，力图增强其可操作性。然而，根据2015年、2016年两份《新刑诉法实施调研项目数据报告》的数据看来，被调查的律师群体中，有接近80%的比例是从来没有或者极少成功申请取保的。按照受访律师的说法，现实的尴尬情况是：提了也白提，但就律师尽职角度而言，白提也要提。

我亲身经历的一个案件可以为上述调研数据做个注脚。某犯罪嫌疑人涉嫌危险驾驶罪，危险驾驶800米即被警察拿下。这是在《刑法修正案（八）》中新增的罪名，也就是醉驾。由于其刑期较短，取保也不致有社会危害性，且完全不存在逃避追诉的可能性，我建议为其申请取保候审。好消息是，这个罪名偶尔能够成功，因为有的检察院确实拿这个罪名完成提高取保候审适用比例的任务。坏消息是，此案的申请断然被拒，检方也没给出像样的理由。

我只好这样安慰失望的嫌疑人家属说："咱们这个罪名都取保不了，别人就更取保不了。"

为什么不让取保？从很现实的角度，在逮捕以后要变更为取保候审，对于办案机关而言不安全。因为办案人员需要对犯罪嫌疑人、被告人的社会危险性等情况做出重新评估，万一发生逃跑等情形的，中国这么大，办案人员去哪里找人？出了问题，还需要对变更措施做出复杂的汇报和说明。在有的场合，甚至还会被怀疑"权力寻租"（rent-seeking）[1]。以上种种导致许多办案人员对取保敬而远之。

理查德·A. 波斯纳（Richard Allen Posner）在《法理学问题》（*The Problems of Jurisprudence*）中写，由于运用标准的官员有较大的裁量权，这就会成为滥用这种权力的开始。**我国的取保候审制度的着眼点更多在于对控制犯罪**，所以一旦可能存在对打击犯罪不利的因素，比如逃跑、毁灭证据等或然风险，权力主体自然怠于行使。取保的吊诡之处在于，拥有权力的办案人员，从能不

1　权力寻租，指政府官员或其他掌权者利用自己的权力或影响力为他人获取不正当利益的非法行为。

取保就不取保的角度出发，综合考虑案件中的当事人取保以后是不是真的没有社会危害性，我们作为相对人，还真无处说理。

我想，正是因为现实中取保的适用率长期低位徘徊，公众才会对这种强制措施感知疏离，还有不少人觉得它是种福利，是种恩赐，甚至可能存在着利益输送，才会对适用的情形格外关注。回到本案，作为法律工作者，我是真心希望本案中的检察官敢于从职权的角度适用取保，既保障诉讼活动顺利进行，又恰如其分地保障犯罪嫌疑人的权利。

说到犯罪嫌疑人的权利保障，不能不提及最近美国明尼苏达州曝出的性侵丑闻案件，涉事当事人在被捕之后第二天就获得保释，返回了中国[1]。美国人民并没有觉得这有放纵犯罪之嫌，原因在于英美的保释制度早已深入人心。常有人问我英美法系与大陆法系的优劣，我的回答是，倘若从犯罪嫌疑人和被告人的角度，当然是英美法系的好处多。

英美的保释制度和我国的取保候审有相同的地方，然而其内在理念差异颇大。英国保释制度被定义为"在被逮捕的人提供担保或者接受特定的条件的情况下，将其释放的制度"，美国对于保释的理解也和英国大致相同。换句通俗易懂的话说，英美法系对于被逮捕的人，是能放则放；而我们对于被逮捕的人，是能关则关。对于前者，保释是个人的权利；对于后者，取保是国家的权力。在英美，被逮捕的被告人，有接近80%被保释，这证明保

---

1 2018年12月22日，明尼阿波利斯市亨内平县检察官办公室公布该事件的调查结果，决定不予起诉。这也意味着该案正式结案。

释制度使较多的涉嫌者提前获得自由，免受羁押痛苦。

美国保释制度里最让人印象深刻的是具结保释（release on own recognizance）。具结，就是出具保证书的意思。具结保释的发明，是世界保释制度发展史上的一个里程碑。这是美国在20世纪60年代保释改革中出现的新方法，是由美国弗拉基金会提出的。弗拉基金会的学者们调查发现，在当时的美国，很多被告人因无力交付保释金而不能获释，被关在狱中候审。关于这一点，马克思早就讽刺过，"法律的运用比法律本身还要不人道得多……对于穷人是一条法律，对于富人是另一条法律"。[1]

为了探索代替传统财产保的新保释方法，学者们决定去识别潜在的安全被保释人。那些没有钱支付保释金，但实际上根本不会逃跑的人，如果把他们放了，也会按时到庭受审。此项目的工作人员通过对被保释人的访谈来获取相关信息，然后在证实这些信息的基础上，根据一个客观的标准来对被告进行打分，最后根据打分情况来决定是否向法官推荐具结保释，这个项目被称为"曼哈顿保释"项目。该项目获得了巨大的成功，经过它推荐的被保释人呈现出超低的逃保率，这使更多的被告人，不管有钱没钱，都获得了审前释放，在对犯罪惩罚需要的前提下，最大限度地满足了保护个人权利自由的需要。

据媒体报道，明尼苏达案中涉事者否认自己被要求缴纳任何

1　[德]卡尔·马克思，[德]弗里德里希·恩格斯：《马克思恩格斯全集（第一卷）》，中共中央马克思恩格斯列宁斯大林著作编译局译，人民出版社，1956，第703页。

保释金,那么对其适用的保释应为具结保释。从这点上来说,他应该感谢曼哈顿保释项目。

我由衷觉得,取保候审制度的改革关键就应该从取保候审适用率的提高开始,从危险驾驶、交通肇事、轻微盗窃、轻伤害以及被害人已经达成谅解的案件原则上就可以适用取保开始,进而扩展到其他犯罪,使得取保实现常态化。

作为律师,依然要坚持白提也得提;作为办案人员,坚持立场,不惧质疑,能取敢取,可能你的一个小小作为就是法治的一大步;作为围观群众,敢于让子弹再飞一会儿。

现在都8012[1]年了,再出现取保惊诧论,那才是法治现状堪忧啊。

---

1 本文写于2018年,8012是当时的网络语言。

逮捕之后是什么？

最近有两个引起舆论关注的刑事案件。一个是2019年11月湖南衡阳市祁东县一位周先生在网络上反映自己"未满12周岁的女儿被两名公职人员在内的多名男子强奸，但数名犯罪嫌疑人未予批捕"，后祁东县官方回应称，已批捕两人[1]。另一个是2019年8月某司前员工李某因被控敲诈勒索案被批捕并羁押251天后，检察院决定不起诉，遂重获自由[2]。

---

1 据媒体报道，2019年10月3日被害人家属向祁东县公安局报案。祁东县公安局迅速立案并将大部分犯罪嫌疑人抓获，在提请逮捕过程中，祁东县检察院以被害人的年龄存疑、本案犯罪事实不清等理由，对数名主要犯罪嫌疑人未予批捕，引发争议。该案后续：2020年8月25日，湖南省衡阳市祁东县法院一审宣判涉案的5名被告人犯强奸罪，分别获刑二年至十五年不等。

2 根据《刑事赔偿决定书》披露的内容，李某因离职补偿金额与公司意见不一，双方经商谈同意给其补发331576.73元离职补偿。但在离职后因涉嫌敲诈勒索罪被公安局刑事拘留，并于2019年1月22日被逮捕羁押了251天。最终于2019年8月23日被释放并予以国家赔偿。

虽然两个案件风马牛不相及，但都涉及一个相同的刑事强制措施：逮捕。对于祁东案，舆论关注的是：明明都犯罪了，为什么还不抓人？难道要留着这些坏人在外面过年吗？考虑到其中两名犯罪嫌疑人有公职，构罪不捕，还拖拖拉拉地调查被害人年龄，难道当地有保护伞？连我的同行罗翔老师，也在《奸淫幼女罪：如何推定"明知"》一文中表示"迟迟不批捕"的处理结论令人费解。

而面对李某所遭遇的两百多天羁押，舆论又转向了：凭什么抓人？为什么最后不起诉，抓了人还关那么多天？

两个刑事案件都用到了逮捕，看上去一个该捕却迟迟不捕，一个似乎不该捕却捕了，他们做得对吗？司法实践中到底应该如何适用逮捕呢？我们需要来讨论下**逮捕的目的**。

逮捕是我国《刑事诉讼法》里最为严厉的一项强制措施。由于它的强制性，可以成为保障绝大多数人权利的强有力手段，同时由于它限制或剥夺犯罪嫌疑人、被告人的人身自由，一旦适用失当，则会严重侵犯个体的权利和自由。

根据我国《刑事诉讼法》第八十一条规定，对有证据证明犯罪事实，可能判处徒刑以上刑罚的犯罪嫌疑人、被告人，如果判断其可能实施新的犯罪，或者有现实危险性，或者可能妨害司法程序或企图自杀或者逃跑的，应当逮捕。

从法律规定上看，这和大多数法治国家的羁押原则基本相同，考虑了罪疑性、罪重性以及必要性，即有证据证明犯罪事实、达到一定严重程度并且没有其他更为温和的措施可以替代。

但是，从域外来看，多数国家实行了"逮捕前置主义"（The

Principle of The Arrest before The Detention），逮捕和逮捕后的羁押是两个独立的审查程序，即使逮捕，但保释率非常高。所以，审前最主要的强制措施是保释（Bail），而羁押反而是一种例外。以英国为例，在决定是否羁押犯罪嫌疑人时，法官首先需要考虑可否适用保释。只要存在不能拒绝保释的理由，就不能对被告人作出羁押的决定。日本刑事诉讼在一定程度上借鉴和吸纳了德国的比例原则与英美的权利观念，保释在强制措施中也占较大比率。

从我国的逮捕适用情况来看，逮捕就意味着被羁押，"构罪即捕，一关到底"是习以为常的司法惯例。由于我国没有针对羁押的单独程序，对于犯罪嫌疑人的羁押时间，往往是根据法定的办案时间来决定。

虽然法律也规定了取保候审、监视居住等替代措施，但实践中，犯罪嫌疑人或者被告人很难申请到非羁押的强制措施。一旦被批准逮捕，则意味着长时间的羁押。所以在上述李某涉嫌敲诈勒索案中，办案人员表现出来的习以为常的做法，只考虑诉讼风险，忽视对逮捕条件的审查和适用，进而对取保等措施的限制使用，从个案集中体现了普遍适用逮捕对公民个人、司法机关和社会带来的诸多不良影响。

普遍适用逮捕会对社会产生不良影响。宽严相济是现行的重要刑事司法政策，如果不考虑犯罪情节的轻重，社会危险性的大小，对轻罪犯罪嫌疑人也广泛适用逮捕，无益于社会稳定。对于这些案件，如果检察机关在审查逮捕阶段能够适时介入，实际上有利于轻罪案件的处理，也有利于犯罪嫌疑人的人权保障。

不合理的羁押对公民个人产生的不良影响显而易见。犯罪嫌疑人一旦被逮捕，如果面临的是时间未决的羁押，其人身自由被剥夺，精神上被压抑，这些将成为余生难以抹去的阴影。特别是对于那些初犯、偶犯，将他们羁押于看守所，不仅不利于犯罪的改造，还容易引发更严重的隐患。

另外，我们也可以从前文提及的敲诈勒索案中看到"构罪即捕，一押到底"对司法机关产生的不良影响。这不符合无罪推定的精神，且容易引发刑罚的"透支"，损害法律权威，影响司法公正。实践中，轻罪案件与重罪案件在审前羁押期限上相差无几，对于轻罪犯罪嫌疑人来说，很可能导致羁押时间超过应判处刑期。法官在判决时，往往不得不考虑实际羁押时间，可能导致刑罚要受到已羁押时间牵制的后果。

另外，高逮捕和高羁押带来了高昂的诉讼成本，消耗大量司法资源，很多看守所人满为患。在英国，羁押一名嫌疑人每周的费用约为600英镑，高昂的羁押成本使英国的保释制度相当发达。而我国很多看守所都面临着监舍面积小、监管设施差、警力不足等问题，对犯罪嫌疑人的羁押、教育效果难以得到充分保障。

从这些不良影响看文首提及的两个刑事案件，祁某奸淫幼女案中检察官谨慎批捕，出发点很好，谁都不愿意"一押到底"；而第二个案件按照法律规定也可以取保，但却申请无果。我们的司法实践就是：抓了人再放出来就太难了。检察官到底应该谨慎批捕，减少逮捕的适用呢？还是应该够罪即捕，再想办法扩大取保的适用呢？哪条路都不容易。

一位年轻的律师对我说："老师，前几天我在朝阳看守所跟一个老警察聊了半天。我跟他说来给某某申请取保候审。他说小伙子你们都知道他构成犯罪了还申请什么取保候审,这能放人吗?老师,这话我没法接了。"我无奈地说:"你咋不给他背法条?"他笑着回答:"我可不敢。我还指望他帮我们转交文书呢!"

这让我想起文中的两个案件,虽然它们的立场如此不同,但在捕不捕放不放的问题上都一样艰难。我还记得在法学院读书的20世纪,在课堂上讨论过取保候审,逮捕与羁押的分离,降低审前羁押,贯彻无罪推定,等等。美好的愿景和沉疴积弊的现实,成全了我们无数篇论文。论文倒是发表了,司法现实依然很魔幻。

套用《百年孤独》的那个开头:多年以后,小林律师站在看守所门口,他写了那么多取保候审申请书就没有成功过。他也许会想起读大学时上《刑事诉讼法》讨论课的那个下午。

沉默权的沉默

据说今年清华法学院研究生考试的综合卷里有一道大题：论述认罪认罚从宽制度与沉默权的关系。我十分同情考生，这道题要回答好还真颇费思量。

上周罗翔老师也跟我讨论："中国真的有沉默权吗？"我很肯定地回答："有的，请参考《刑事诉讼法》第五十二条：不得强迫任何人证实自己有罪。"他马上追加了一个问题："那律师能建议当事人保持沉默吗？"对这个问题，我心领神会地沉默了，原因请参考《刑事诉讼法》第一百二十条：犯罪嫌疑人对侦查人员的提问应当如实回答。

这两个规定出现在同一部法律里是不是自相矛盾呢？假设一只猫，偷吃了鱼，在你讯问它的时候，它是否同时处于两种状态：既可以沉默不语，又应当有问必答？那它可能真的是薛定谔的猫……

以上只是个玩笑。我国诉讼法学界的主流观点认为，既然把"不得强迫任何人证实自己有罪"写进《刑事诉讼法》，就标志着我国接受了"反对强迫自证其罪"的刑事诉讼原则，也就是确认了犯罪嫌疑人或被告人的沉默权。虽然法律也保留了"犯罪嫌疑人对侦查人员的提问应当如实回答"的规定，但该规定的合理解释应当是：犯罪嫌疑人对侦查人员的提问，可以选择回答，也可以选择沉默，但如果选择回答，那就要如实陈述。所以，**"不得强迫任何人证实自己有罪"是对司法人员行使权力的要求，"应当如实回答"是公民权利的问题**，正是区分了这两个角度，才能让两个看似矛盾的条文存在于同一部法典当中。

上述观点可以援引2012年时任全国人大法工委副主任郎胜先生的答记者问，他说："不得强迫任何人证实自己有罪，这是我们《刑事诉讼法》一贯坚持的精神，因为现在的《刑事诉讼法》里就有严禁刑讯逼供这样的规定。至于规定犯罪嫌疑人应当如实回答是从另外一个层面，从另外一个角度规定的。就是说，我们的《刑法》规定，如果犯罪嫌疑人如实回答了问题，交代了自己的罪行，可以得到从宽处理。《刑事诉讼法》作为一部程序法，要落实这样一个规定，它要求犯罪嫌疑人如果要回答问题的话，就应当如实回答，如果如实回答，就会得到从宽处理。这是从两个角度来规定的，并不矛盾。"

这样的沉默权似乎和我们耳熟能详的美国式沉默权的表现形式不太一样。所以直到今天，学界和实务界仍然有观点认为中国没有沉默权。我的理解是，中国确实没有美国式的沉默权，也大可不必追求同款沉默权。

在美国，警察在逮捕犯罪嫌疑人之后，都会熟练地念上一段："你有权保持沉默。你所说的每一句话都可能成为不利于你的呈堂证供。你有权聘请律师。如果你请不起律师，我们可以给你免费提供律师。"这段著名的米兰达告知（Miranda Warning），借助美国影视作品的影响力，传播到世界各地，使人们知道犯罪嫌疑人和被告人有权在面对警察讯问时保持沉默。

毫无疑问，美国的米兰达告知对于沉默权制度的传播产生了重大的影响。但其实，美国人的沉默权不是米兰达规则赋予的，而是《宪法第五修正案》赋予的。1791年美国《宪法第五修正案》规定："任何人有权不被强迫自证其罪"，由此确立了美国刑事沉默权的宪法地位。这一思想源自英国，它的核心内容可追溯到英国的古老格言"人民不自我控告"。究其根源，在十三世纪，英国宗教法庭在刑事诉讼中强迫被告人进行"职权宣誓"，否则将被处罚。后来，为了对抗这种不人道的审讯方法，被告人经常以"不必自我归罪"作为辩护理由。经过发展，"不必自我归罪"逐渐演变成一项重要的司法制度，沉默权即源于此。

在米兰达案以前，美国宪法早就规定了"任何人有权不被强迫自证其罪"，可在很长一段时期，警察在讯问中经常使用野蛮刑讯和三级审讯来获取嫌疑人的口供。直到20世纪中期，这种状况仍未得到明显的改善。可经过1966年的米兰达案（Miranda v. Arizona），美国《宪法第五修正案》的精神深入人心，众多犯罪嫌疑人和被告人在警察的"提醒"下、在律师的指导下，纷纷行使沉默权，不乏成功脱罪的例子。所以有人指责，在美国，行凶者的人权好像比受害人的人权更重要，保护坏人好像比保护好人还要优先，针对警方的清规戒律好像比打击犯罪的法律法规还要多。

根据美国学者的解释，这个著名的沉默权包含三项基本内容：

一是犯罪嫌疑人、被告人没有义务向控方或法庭提供任何可能使自己陷入不利境地的陈述或其他证据，控方不得采取任何非人道或有损人格尊严的方法强迫其就某一案件事实作出供述或提供证据。二是犯罪嫌疑人、被告人有权拒绝回答追诉官员的提问，有权在讯问中始终保持沉默，司法警察、检察官、法官应及时告知其享有这一权利，并不得因其行使这一权利而作出对其不利的推论。三是犯罪嫌疑人、被告人有权就案件事实作出有利于或不利于自己的陈述，但这种陈述必须是在意识到自己的行为后果的情况下作出的出于真实意愿的陈述，法庭不得将被告人非出于自愿而是迫于外部强制或压力所作出的陈述作为定案的根据。

显而易见，米兰达案并不是赋予了美国人沉默权，因为沉默权早就存在于宪法里，然而它并不尽人皆知。以厄尔·沃伦（Earl Warren）大法官为代表的自由派人士之所以要确立这一规则，"完全不是基于保护无罪人的考虑"，他们认为，"富有的、受过教育的或智力高的嫌疑人很可能从外界得知他有沉默权；反之，贫穷的、未受过教育的或智力低的嫌疑人则不知道这种权利。因此，一切被羁押或者被其他方式剥夺自由的人，必须被告知享有保持沉默的权利"。

米兰达规则在不同的历史时期，不断受到政治、经济、文化等各方面的影响，例如在沃伦法院时期，由于美国当时的审讯制度是三级审讯，警察在一定程度上过度依赖口供，当时刑讯现象普遍存在并且难以禁止。当时美国的犯罪率不断上升，因此法院默许刑讯逼供所得供述作为定罪证据，从侧面纵容了警察的非法审讯。这些都导致了社会以及司法界对于限制警察刑讯逼供的呼声越来越大。当时最高法院的掌门人沃伦大法官是典型的自由派代表人物,他做出的一系列判决都表明最高法院自由主义的态度走向。到伯格法院时期,由于时任总统尼克松批判沃伦法院"过分放纵"犯罪而导致犯罪惩罚力度下降,因此提名保守倾向明显的伯格作为最高法院掌舵人。同时大法官的派系变化也使得最高法院内部对于米兰达规则的态度逐步走向保守,例外之门也因此不断打开。

到伦奎斯特法院时期,里根总统的上台以及保守主义者伦奎斯特作为首席大法官,都标志着美国逐渐兴起新保守主义,奉守新保守主义政策的美国最高法院逐渐形成。而罗伯茨法院时期,美国发生了令公众震惊的"9·11"。美国政府开始加大对恐怖袭击犯罪的打击,公众也在一定程度上放弃自己部分自由,甚至有学者建议加大米兰达规则"公共安全例外"的适用范围。这也就导致了罗伯茨法院通过夸尔斯案(New York v. Quarles)等进一步确立了"公共安全例外",米兰达规则再次走向保守。但无论如何,直至今日,即使是史上最保守的美国联邦最高法院也依然维持着米兰达规则的地位。

我们看到,1966年前的美国警察不必大费周章地念上这么一段话,但从那之后,美国的沉默权不再沉默,而以充分告知的方式得以体现和保障。因此,有人就在米兰达告知规则和沉默权制度之间画上了等号。这可是一个极大的误会。我们可以把美国的沉默权叫作"明示沉默权",明示到什么程度呢?法律要求司法和执法人员必须事前告知犯罪嫌疑人和被告人享有沉默权。除了美国之外,还有一些国家也采用了明示的沉默权制度,如英国、法国和加拿大。

更多国家采取的是"默示沉默权"。例如，德国、日本并没有采用"你有权保持沉默"的美国式表述，而是规定犯罪嫌疑人和被告人在诉讼过程中享有"就指控进行陈述或者对案件不予陈述的权利"。另外，联合国的《公民权利和政治权利国际公约》第十四条第三款规定，凡受刑事指控的人，不得被强迫做不利于自己的证言或者强迫承认犯罪。

不管是明示还是默示，沉默权之根本目的就是保障人权。它不仅保障了犯罪嫌疑人的权利，给予其在侦查程序中对抗的机会，同时也加重了控方的举证责任。所以，不管在什么历史时期和国家，沉默权制度都会遇到不可回避的挑战：沉默权将会影响刑事司法制度的最初目的，即预防和惩罚犯罪。

也正是基于这样的理由，我国《刑事诉讼法》才会出现貌似矛盾的条款。既要保障人权，也要惩罚犯罪，没有哪一个价值取向更不重要。回到文首那个问题：律师能否建议当事人保持沉默？早年间，确实有律师在会见时说"给我顶住"，然而这句话并不符合法律精神。基于对现行法律的尊重，应当在会见时进行这样的告知："按照法律规定，你要实事求是。如果认为不构成犯罪的，你要如实向办案机关说明。你不想说的，没有人强迫你说。"

没有人强迫你，这就够了。

审讯中警察骗供是否合法？

年关将至，我们几个法学老师一起讨论网剧《开端》里的法律问题。无限流是我很喜欢的题材，《开端》中的公车爆炸循环在大结局解开，剧中主角李诗情和肖鹤云或被动或主动，一次次回到案发时刻，改变了结局。虽然不是超级英雄的故事，但普通人的行为更让人相信：我们都能成为英雄，哪怕只有一天。

《开端》剧情内容丰富，每一次循环都让人心生感慨。不过，单从司法的角度看，法律上的瑕疵还是存在的，比如讯问中的引诱和欺骗。

软性逼供

时间循环这个情节实在匪夷所思，因此主人公在剧中一旦报案，就会遇到警方的质疑，他们很快就会从报案人成为嫌疑人。当警方不能找到突破口时，讯问人员给李诗情和肖鹤云都设了套，谎称对方已经招供，引诱他们说出实情。

警察对李诗情说："如果你不能如实告诉我们事情的经过，我们就只能认定肖鹤云指认你是案一的供词，这在量刑的时候对你是很不利的。所以你要如实地告诉我，这起事故到底是谁策划的？"而实际上肖鹤云并没有指认李诗情是所谓的"案一"。

假设讯问人员使用欺骗手段，声称同案犯已经交代，证人已经作证等，使犯罪嫌疑人不敢再作辩解，而违心地作出某种交代；或者讯问人员告诉犯罪嫌疑人，只要老实交代了就可以不关"小黑屋"，就可以立刻回家，这种取证行为合法吗？

我国《刑事诉讼法》第五十二条规定，严禁刑讯逼供和以威胁、引诱、欺骗以及其他非法方法收集证据，不得强迫任何人证实自己有罪。第五十六条规定，采用刑讯逼供等非法方法收集的犯罪嫌疑人、被告人供述和采用暴力、威胁等非法方法收集的证人证言、被害人陈述，应当予以排除。

可见我国在立法上明文禁止了以非法手段获取言辞证据，威胁引诱欺骗是明确列举的非法手段。社会公众对于"刑讯逼供"可能有某种感同身受的厌恶和抵制，但对于"威胁、引诱、欺骗"这种软性逼供行为的危害性认识就没有那么深了。

其实，**软性逼供可能比暴力逼供具有更大的危害**。暴力逼供，往往看得见、摸得着，受害人有苦说得出；而软性逼供则是通过言语形式进行，它是无形的，往往也不加以记录，更容易成为冤假错案的隐患。

呼格案的悲剧

呼格吉某图是内蒙古1996年"四九女尸案"中被冤杀的主角。1996年，他是个年轻的工人，可他从报案人变成嫌疑人只花了一天时间，从案发到被枪毙只隔了61天。

他的笔录中有这样一段话："我今天讲的都是真的，在公安局一开始讲的也是真的，后来他们认为有很多疑点我讲不通，他们告诉我那女的没死，而且我当时尿急，他们说我讲完就可上厕所，可以回去，所以我就那样讲了，讲的都是假的。"警方隐瞒了被害人已经死亡的事实，谎称被害人没死，以这种欺骗行为来减轻呼格吉某图承认实施强奸的心理恐惧，他可能认为：反正被害人没死，等她缓过来也可以说得清楚。

另外警方利用呼格吉某图尿急，诱使呼格吉某图先解决眼下的紧急需要。咱们有句古话叫作"树挪死人挪活"，鼓励大家便宜行事，但这句话很矛盾，有时候便宜行事可以海阔天空，有时候便宜行事就再无归路。警方的引诱还包括更加动人的想象空间：讲完就可以回去。在这种情况下，呼格吉某图做了自蹈死地再难洗白的有罪供述。此后他一次次地翻供，也无力对抗这一次的有罪供述。

剧中肖鹤云对警察说："我没有作案动机啊，你们有监控，自己去查啊。"因为时间循环的情节影响，观众们看剧时可能感受不到审讯室里的紧张气氛。其实嫌疑人被剥夺人身自由后，精神高度紧张，身体极度疲劳，内心渴望自己的辩解被接受，但审讯的情形使他们的辩解不被倾听和接受，他们很容易陷入绝望。而且同一个问题问一百遍的痛苦,做出不符合期待的回答就会被无情打击和否决的痛苦,只有被侦讯过的人才能理解。在这种情况下,引诱和欺骗往往发挥效果,使嫌疑人燃起片刻的希望,无辜的人为了摆脱眼前的困境,容易作出迎合讯问者需求的自诬之供,提供虚假的自白。

因此,《刑事诉讼法》明确了讯问中使用引诱、欺骗等手段的非法性,是对这种行为从实体和程序角度的双重否定,要求讯问规范化、人性化,要求供述的自愿性,从而保障被追诉人人权。如果供述不具备自愿性,那就不应该被采纳。一个人作出的陈述如果是由威胁、许诺、欺骗得到的,那很可能是虚假的自白。英美法系认为,法庭拒绝采纳这种不正常的供述有个潜在理由,采纳在这种情况下取得的自白,公众会相信这种不正当行为是法庭共同参与实施的,这将导致刑事司法制度失去社会的支持与信赖。

排非是个长期工程

然而现实摆在面前,时至今日讯问仍然是一线办案人员查明案情最快捷的方式。而趋利避害是人类的本能,主动交代的情形相当少见。大多数人面对可能使自己陷入控罪的讯问或谈话,都会产生本能的逃避和掩饰心理。没有一定的外部压力,没有人愿意承认,而讯问本身就是一种高度对抗的活动,针对嫌疑人的回避、掩饰、抵抗,可以施加何种外部压力?这种外部压力,超过什么限度是非法的?

法律允许的讯问策略和技术建立在以下事实基础之上：绝大多数罪犯不情愿承认其罪行，从而必须从心理角度促使他们认罪，不可避免地要使用讯问策略来实现。法律鼓励侦查人员具体分析犯罪嫌疑人的特殊心理状态，对症下药，给予适当的刺激，促进犯罪嫌疑人供述动机的形成，使其感到"说了对自己更有利"，但这种刺激绝不能建立在虚假的承诺和伪造事实基础上。底线虽然存在，但想要给出一个公式或者标准仍有难度。

如果在讯问中实施欺骗和引诱行为，获得了口供怎么办？《刑事诉讼法》虽明确将引诱、欺骗列为非法取证手段，但第五十六条未规定将其直接排除。这在诉讼中往往成为法官自由裁量之事项，排除非法证据后面蕴藏着利益权衡，简单说，就是既要、又要、还要。这一规定背后蕴藏着三重价值追求，分别是防范冤假错案、保障供述自愿性以及对人格尊严的维护。

在综合考量打击犯罪与保障人权的价值追求上，法官需要分析个案情况是否达到应予排除的程度，从而使讯问策略和引诱、欺骗这种非法讯问手段的界限得以呈现。但实践中排除欺骗、引诱获得的证据比较困难，在很多判决书里可以看到，即使律师提出排非请求，也因没有直接证据证明而被驳回，或者法官不做任何回应直接驳回。

我有很多同学和学生是警察，他们可能要说我装外宾，刑讯逼供的排非都没有做到，遑论骗供、诱供的排非呢。其实我怎么会不知道办案的路径依赖呢。但回想一百多年前草民跪在县太爷堂前，一言不合就会被合法刑讯，现在不是也废除了吗？随着讯问法治化程度不断提升，值班律师制度的普及、认罪认罚从宽制度的广泛适用，讯问合法性的空间已在逐渐变大，假以时日，欺骗、引诱的排非也有希望，这样的非法讯问手段就被真正禁止了。

《开端》中的爆炸循环让我想到漫威电影《奇异博士》(*Doctor Strange*)的结局。黑暗之神多玛姆毁灭了地球，奇异博士利用时间循环回到过去与之谈判。多玛姆用各种方式杀死他，但他一遍又一遍地回来："多玛姆，谈个条件。"相同的场景反复循环，每次都会回到谈判的这一刻，博士死而复生，又被多玛姆杀死，而多玛姆也无法脱身。博士说："我们都困在这里，在同一时刻，无限循环。"多玛姆说："那你要死无数次。"博士说："可地球上的人可以活下来。""你不会赢的。"多玛姆从来没有遇到过对手。"但我输得起，就这样一直输下去，永远输下去。"最后，为了解开循环，黑暗之神被迫放弃侵略地球。

奇异博士死了几百次换来黑暗之神的退却，李诗情和肖鹤云死了几十次终于换来剧情反转；司法改革是个长期工程，法律工作者可能也要折腾上无数次吧。终有一日，人类也能解脱这个循环，不必再为了打击犯罪而放大人性的弱点，甚至制造新的犯罪。

是什么在喂养网暴怪兽？

2022年冬奥会上，小将朱某遭遇了不该有的舆论压力。因为她的父亲是归国科学家，同时花滑队里还有另一位落选的优秀选手，许多人质疑她的水平、质疑选拔办法、质疑归化背景……省略号里有很多阴谋故事。在比赛前的20余天时间里，朱某受到了大量的攻击，顶着巨大的心理压力登上赛场，又因为比赛中出现失误，她再次遭遇网络暴力。

网暴频频出现，冬奥会上的网暴、《开端》中对萌萌的网暴，寻亲案中对刘某州的网暴，此类事件都体现出一些共同特点：**参与者众，大部分人不会核实相关信息的真实客观性，往往以为自己是正义的化身，利用绝对正确对被网暴者进行大肆鞭挞，给当事人造成恶劣影响。**

有学者认为这体现了羊群效应（Herd Behavior），即团体成员中一旦开始有某些偏向，在群体商议讨论后，人们就会朝偏向的方向继续移动，最后形成非常极端的观点。但很多参与者回顾极端观点的形成过程，发现自己并不是人云亦云，而是从现象形成推论,从结果发现原因,从而得出了结论,这才加入了对被网暴者的审判。也就是说,他们自己的判断与网暴观点不谋而合。这真是应验了那句话:雪崩时没有一片雪花是无辜的。虽然真相总会大白,但伤害已经造成。

有人说可以通过网络实名和从严追究言论责任来扼制网络不端言论,但考虑到网络是民众参与公共事件讨论的不二场所,随意禁言、制裁过度又会影响到公民的言论自由。任何社会都应当允许一些不和谐的声音,不管它批评的是个人还是政府。水至清则无鱼,太严格的言论责任会导致网络的集体噤声,不敢怀疑、不敢批评。

分析这些带着偏见的言论,我们可以看到一些认知的误区。人们每天都会进行分析和推理,看到结果,就会去联想原因和原因的原因。这一认识过程没错,从结果和现象出发,结合自己的经验,作出假设。但如果缺乏对假设的充分验证,匆忙形成结论,完成审判,就容易陷入偏见。

日常生活中,每个人的背景和生活经验都会影响认知和判断,有人的地方就有偏见,我们甚至不需要印证或者对方承认就可以下结论。看到一个同事眼睛是肿的,会做何种判断?昨晚哭了?失恋了?跟领导吵架了?做了双眼皮手术?我们会有很多假设,这些假设来源于我们的经验以及对他的背景了解,对错无伤大雅,八卦的人可以通过打听、直接询问等方式加以验证。

审视这一过程,我们发现,人们进行判断的时候,常常依赖最先想到的经验和信息,并以此作为假设的依据。我们会根据手里有的可用信息,形成一个完整的故事。在这种情况下,如果你得到太多信息，无法分辨哪些是无关信息，可能会做出更糟糕的判断。人们通常不会从概率或者统计的角度去思考问题，而依赖于自身记忆、直觉、情绪反应中得出可能的故事。这种情绪启动法通常是不可靠的，但是我们很喜欢抵制和它相反的东西，甚至会诋毁它。

以朱某事件为例，列举如下事实：父亲是超级科学家、选拔赛不公开、另一名天才选手落选、朱某水平并不稳定、朱某是归化运动员等，加上一个很容易被放大的民间经验："走后门""黑箱操作"，网民容易得出什么样的结论？这是不是我们的一种洞穴幻象呢？而我们等不及相反的证据出现，或者无视那些相反的证据，相信自己掌握了真相，于是开始挥舞正义的大棒。

美国电影《理查德·朱维尔的哀歌》(*Richard Jewell*) 讲述了这样一个故事，理查德·朱维尔是1996年亚特兰大奥运会的一名安保人员，他第一个发现奥林匹克公园有炸弹，也正是因为他的及时发现，那次爆炸没有造成更大的危害。当时所有的媒体都将他捧为"英雄"，可是FBI随后怀疑他是炸弹案的始作俑者，媒体的风向也随之转变。一夜之间，理查德朱维尔从英雄坠落为疑犯。尽管最终，理查德·朱维尔被证明是无辜的，但是媒体对他名誉造成的损害永远无法挽回，走在大街上仍然有人会对他说"你是个凶手"。郁郁寡欢的理查德·朱维尔2007年因心脏衰竭去世，年仅44岁。电影中理查德·朱维尔从英雄变嫌犯，很大程度源自人们太容易单凭一个人的外表和行为对其做出假设，而不是试图看到这个人的内心。在外人眼里，朱维尔是个行为古怪、头脑固执的"肥宅"，朋友不多，甚至还和妈妈住在一起，可这些并没有妨碍他成为一个兢兢业业的称职安保。肥宅有错吗？妈宝就变态吗？但是FBI会把这些表象与心态扭曲、想通过制造犯罪引起社会关注和认可的凶手联系在一起。

在刑事案件中，这样的推理过程同样存在。警察面对的大多数案件，最初只能知道死亡的时间、地点和死亡方式，需要通过案件分析，提出潜在构成要素的假设，这个假设包括因果关系、杀人过程，凶手预先会做什么样的准备，凶手必须具备什么样的技能等，后再通过侦查措施进行核实和验证，最终形成完整的案件事实。

办案人员会产生多种假设，其中九十九种可能都是错误的，需要靠证据去验证，就像一千片的拼图游戏，无数次尝试之后，你才会完成核心位置，逐渐呈现案件的全貌。而错误就出现在某一种假设上，如果某一个假设过于强大，你就会越看他越像坏人，也就看不到一切他不是坏人的证据。许多冤假错案就是这样产生的，认定事实的人排除了当事人的参与和辩解，并宣称其发现的就是客观事实，垄断了对事实的发现权。这时候嫌疑人往往百口莫辩，我们在很多电影里看到的蒙冤桥段，都是因为办案人员内心无比确信。他们根据已知建立了假设，再围绕假设去收集证据，尤其是要努力获得嫌疑人的口供。此时一旦允许刑讯逼供等非法手段，那么一出悲剧就立即上演。

偏见多么可怕，在刑事案件中很容易造成冤假错案，现实生活中，像理查德·朱维尔这样的悲剧仍然不断上演，公众热衷于在不了解全部事实的情况下，匆匆忙忙得出结论，而这样的结论往往是基于偏见和成见，与事实相去甚远。不管是冬奥会上对朱某的网暴,还是对于寻亲案中对刘某州的网暴,认识过程都符合这一规律。从已知中建立假设,但这一假设仅仅体现了假设者的个人生活经验和社会经验,无人验证,众声喧哗里只有偏激的观点博人关注。而分析和推理过于理性,寻找证据的时间过于漫长,无法撩拨看客的情绪。

网暴之后我们常常谴责那些错误,觉得不公之处显而易见。也许,我们也该反省,正是人类不当的认知习惯喂养了网暴的怪兽。研究显示,法官的专业技能和经验并不能使他们免于思维定式和司法偏见。可是,一旦法官认识到哪些偏见会影响自己的行为,就能够通过自我监督摒弃各种偏见。作为普通人,我们有必要警惕自己充满确信、正义满满的时刻,我们需要停下来想一想,为什么我们会相信这一种可能性而放弃另一种可能性呢?此时此刻的觉知是必要的,因为罗生门还有另一面,因为怀疑和反思并不是正义的敌人,盲目确信才可能导致不公。

第 5 章

律师之道

作为律师，苦乐是你个人的感觉，善恶是你的社会形象，成败是你个人的事业，而律师职业的兴衰关系国家的命运。

—— 江平

刑事律师，必需品还是奢侈品？

2018年10月26日下午，十三届全国人大常委会第六次会议表决通过了关于修改《刑事诉讼法》的决定，缺席审判、认罪认罚从宽等制度已成定局。

虽然各种新闻都更关注缺席审判制度，但我的目光却聚焦在认罪认罚从宽制度上，我国刑事诉讼终于进入刑事案件繁简分流的实质阶段。

这是一组2017年认罪认罚从宽制度的试点数据。南京法院一年审结适用案件4025件4534人，平均审理天数5.83天，服判息诉率99.45%。对于可能判处3年以下有期徒刑、拘役或管制的刑事案件，对犯罪嫌疑人、刑事被告人自愿如实供述自己的罪行，对指控的犯罪事实没有异议，同意检察院量刑建议并签署具结书的案件，法院在审理中适用速裁程序，由审判员独任审判，不再进行法庭调查和法庭辩论，原则上当庭宣判，大大简化了审理程序。南京法院自试点以来10天内审结的案件有2471件，平均每个案件仅用时约3—5分钟，当庭宣判接近100%。南京建邺区法院受理的一起危险驾驶罪案件，从立案到审结仅用4小时。

我国的认罪认罚从宽制度有借鉴美国辩诉交易（plea bargain）制度的成分。辩诉交易是美国处理刑事案件的主要方式，大约有90%的案件以此种方式办结，即控辩双方就定罪量刑进行协商，以被告人认罪为条件，换取从宽处罚的结果。辩诉交易提高了司法效率，让90%的案件分流简化。这样一来剩下的10%不认罪的案件得以进行陪审团审，被告人获得充分辩护。如果人们只看得到美国辛普森式案件旷日持久的审判和最终被告人在律师帮助下获得无罪判决的结果，却看不到流水线上辩诉交易的"简单"和以对真相及公正的部分牺牲换来的司法效率，就不算懂得美国的审判制度。

需要注意，美国辩诉交易制度的实行与其发达的律师援助制度有密切关系。被追诉人本身就处于弱势地位，尤其是在促使其选择认罪认罚以争取从宽处理的过程中，为彰显平等，保障自愿，强制提供法律援助必不可少。考虑到我国刑事辩护的现状，这一制度的实行能得到保障吗？根据司法部数据，2017年底，已在全国3300多个人民法院，2500多个看守所建立了法律援助工作站，值班律师在认罪认罚案件中提供程序选择、申请变更强制措施、见证签署具结书等法律帮助。2017年，值班律师共提供法律咨询114万人次，转交法律援助申请8万余件，为维护犯罪嫌疑人、被告人的合法权益发挥了积极作用。

但据我身边的律师亲测，以北京海淀法院为例，在速裁程序试点中，所谓的值班律师就在看守所外面找个办公室搞远程视讯。嫌疑人通过屏幕跟律师会谈，会谈非常简单，主要询问当事人愿不愿意适用速裁程序、有没有什么问题等,三言两语就结束了。在认罪认罚从宽程序中是不是依然如此?法律专家认为必须警惕,形式意义远大于实质意义。

律师的有效帮助是认罪认罚从宽制度的核心。但是,贫困的犯罪嫌疑人一夜之间如何请得起律师?如果犯罪嫌疑人的自愿性不能充分保障,那么这种简化流程的正当性何在?如果只是单方面追求控方的从快和省时省力,那和历史上从重从快的运动式执法又有何本质区别?唯有法律援助,甚至是强制性的法律援助,才能为认罪认罚制度中的当事人双方提供一个现实的平等武装。

在美国,律师的辩护权经历了漫长的发展和完善过程。1891年,在美国联邦宪法出台数年后,规定公民基本自由权利的《权利法案》诞生了。其中第六修正案规定,在一切刑事诉讼中,被告人享有获得律师帮助为其辩护的权利。自此以后,律师辩护权的发展经历了三个标志性时期。第一时期为1932年的鲍威尔诉阿拉巴马(Powell v. Alabama)一案,美国联邦最高法院宣布必须为面临死刑的贫穷被告人免费提供律师帮助。第二个时期的标志为1963年的吉迪恩诉文莱特案(Gideon v. Wainwright),这一案件改变了美国被告人律师帮助权的适用范围,重罪案件的贫穷被告人也将获得政府提供的免费律师。第三个时期始于1975年阿格辛格诉哈姆林(Argersinger v. Hamlin)一案,美国联邦最高法院裁决,得到律师协助的权利不仅适用于受到重罪指控的州和联邦的被告,也适用于所有可能被定罪将入狱服刑的刑事被告人。也就是说,无论被告人所犯为重罪、轻罪抑或微罪,只要有科处自由刑的可能,就应有辩护人的协助辩护。

回溯这一历程让人无限感慨,从联邦到各州,从死罪到重罪,再到轻罪微罪,律师协助辩护权逐渐扩大。其关键原因是美国的刑事诉讼制度设计立足于一个前提:被告人有一个称职的律师代表他的利益。没有律师,证据展示、辩诉交易、法庭交锋等一系列制度都无法进行。毫不夸张地说,正是依赖于称职的、具有职业道德的辩护律师的参与,美国刑事法律捍卫的正义才能得以实现。

在著名的吉迪恩诉文莱特一案,最高法院认为,无论被告人是贫穷还是富有,他们都有权获得律师辩护,如果他们无力承担则应当由政府支付。1961年,警方怀疑吉迪恩破门闯入一家台球厅企图盗窃,这是一项重罪指控。吉迪恩请求法官为他提供一位免费律师。根据佛罗里达州的法律,州法院只为那些被控死罪的穷人提供律师,所以法官依法拒绝。最终吉迪恩盗窃罪名成立,被判处5年监禁。吉迪恩在狱中苦学《权利法案》,并给联邦最高法院大法官手写了一份申诉书。吉迪恩在申诉书中写道:"由于我付不起律师费,所以我没能聘请律师为我辩护;由于我自己没文化,因此无法自行辩护。所以,我才要求法庭为我指定免费律师,以使我获得专业律师的辩护,就像那些有钱人一样。而法官没有这样做,导致我没有获得平等保护。这就侵害了《宪法第六修正案》和《宪法第十四修正案》第一款中所赋予我的权利。因此,对我的审判是不公正的,判决结果也是错误的。"

吉迪恩的申诉书平实简单,但逻辑清楚直指要害。一个人能否享有宪法赋予的权利,是否因为贫富差距而有所区别?而这时联邦最高法院也正在寻找着这样一个案例,贫穷被告人被控重罪但未得到律师协助的案件。此案最后获得9位大法官全体一致裁决：**律师辩护权属于公平审判的最基本内容**，本案被告人因为贫穷没有获得律师协助辩护，违反了公平审判的原则。因此，撤销了州地方法院的判决，并责令其重新审理。在最高法院历史上全体一致裁决通过的案例少之又少，多年以后，首席大法官沃伦卸任，回忆起1963年这个案件，说这是他任期里做出的最伟大的判决之一。

后来佛罗里达州地方法院重新开庭审理此案，并为吉迪恩免费提供了一位律师。在律师的帮助下，陪审团评议了一个小时，最终作出无罪判决。吉迪恩改变了法律，美国穷人会记住他，如果没有这位普通的囚犯给联邦法院的那封信，庞大的美国法律机器还是老样子运作，被控犯罪的穷人还是不得不在法庭上自我辩护。

联邦最高法院的意见是由布莱克大法官撰写的，辞藻华丽，流传甚广。**布莱克法官认为，在刑事法庭中，律师是必需品而非奢侈品**。在刑事司法对抗制中，被控有罪的穷人在面对起诉时，如果没有律师帮助，就不能保证得到公正的审判。最高法院有一个"高贵的理想"：通过让每个被告人平等地站在法律面前，确保中立法庭能够提供公平的审判。

在吉迪恩案之后，律师辩护权的适用范围进一步扩大。联邦最高法院通过一系列判例警告说：通过吉迪恩案确立的为被告人提供免费律师的原则应当适用于一切剥夺被告人人身自由的刑事审判活动中，哪怕是轻罪或者微罪，因为这些罪名的认定也包含着与死罪、重罪指控同样复杂的法律问题。同时，由于轻罪微罪数量众多，加上辩诉交易的盛行，被告人正在变成司法流水作业线上的牺牲品，因此，为了公平审判，即使被告人犯的是轻罪微罪，也需要律师出庭。

吉迪恩案之后，美国联邦政府立即为刑事法律协助服务项目拨款。同时，各州与地方政府也按照联邦最高法院的裁决，设立了"公共辩护人办公室"，负责实施本辖区的刑事法律协助。一方面雇用一批全职律师免费为穷人提供法律服务；另一方面根据法官的指派，向为穷人辩护的律师支付费用。根据联邦与州的分工，一般的刑事法律协助由各州与地方政府承担；涉及联邦法律的重罪案件，由联邦政府承担刑事法律协助的义务。除此之外，美国律师协会还设立了"刑事法律帮助项目"，支持律师开展刑事法律帮助工作。各大学的法学院也都成立了"法律诊所"（Clinical legal education），由执业律师指导学生为穷人提供法律服务。

毫不夸张地说，指定律师是目前美国刑事被告人获得法律代理的主要方式。在20世纪90年代，整个美国有80%的服刑人员获得了指定律师的代理。不得不承认，钱的问题仍然妨碍着最高法院的"高贵理想"。因政府资金的短缺，难以寻找到优秀的律师向穷人提供优质的法律服务。那些为公益事务所工作的律师，或被政府雇用提供法律帮助的律师，起点年薪还不足两万美元，他们处于职业顶峰时的收入也不及那些大城市律师事务所的助理律师，而这两类律师通常每周工作长达60小时。

虽然，钱并不是努力工作的唯一动力，但是这种明显的不公平也确实让人不爽。并且，这种收入水平也难以留住羽翼丰满的律师，因此这里进进出出的多是那些初出茅庐的年轻人和白发苍苍明显精力不济的余热律师，让人不得不为公益辩护的质量担忧。

不过，有总比没有强。如果有一天真正做到了刑事律师辩护的全覆盖，法律在根本上才是公正的，法律才不会因为歧视贫穷和无知而丧失其神圣和高贵。

我国司法部官员多次表态，以审判为中心的刑事诉讼制度改革是司法体制改革的重要任务，而法律援助是其最紧密的需求。具体到刑事案件认罪认罚从宽制度，将从完善法律援助值班律师制度开始，进而实现刑事案件律师辩护全覆盖试点，充分发挥法律援助在人权保障、促进司法公正中的职能作用。如果说在以往我国刑事诉讼的实践中，律师帮助还可有可无的话，那么今天，在认罪认罚从宽制度下，律师是必需品而非奢侈品的时代已经到来。

美国的律师辩护权走过了百年才成为今天的样子，中国的司法改革也加快了脚步。在刑事案件里的被告人都将拥有自己的律师，这一未来可期。

律师、演员与媒体

2019年7月17日,张某扣被执行死刑。邓某平律师为他写的辩护词被一网帖誉为"精彩绝伦"又一次流传。法律人怎么评论这篇辩护词呢?

在我的朋友圈里,大多数的反应是:"文学性大于专业性,炫技过多,适得其反。"

"这种辩护词除了让老百姓认为司法不公正之外,没任何作用。所有的现代司法宣传都白做了。"

"辩护词应该重点谈自首情节,谈社会危害性并没有到极端程度,结合前案的情形谈'罪无可赦、情有可原',寻求判成死缓。不过,以我国的刑罚实践来看,故意杀死三人无法免死,估计怎么辩护都没用,所以律师干脆放弃无望的努力,换成自己表演了,从这个角度也能理解。"

显然这是一篇非典型的辩护意见,但我理解辩护律师的努力,如果不是因为辩护空间逼仄,他断不会把辩护意见写成深度人物报道。在那一刻,他显然把自己当成了记者,把法庭当成了舞台。

律师的表演

一位执业数十年,最后完全丧失了法学院理想,成为富人利益守护者的资深律师在深夜里有这样的内心独白:

这么多年来,我一直在思考:什么职业与律师的职业最为相似,最后我发现,是演员。法庭原本就是个大舞台,检察官和律师们在上面走来走去,发表状若慷慨激昂的公诉词或辩护词。在最初的几年,对于自己的职业,你也许会有一种感动,并在辩护中燃烧激情,但随着时间的推移,这种感觉会越发微弱,终至枯竭。你将习惯于在演讲时痛哭流涕,一把鼻涕一把眼泪却不时偷偷地用眼角瞄一下陪审员的表情,评估辩护的效果。资深律师也就是资深演员的代名词。所有一切都与正义无关。

邓某平律师的辩护让我想到美剧《波士顿法律》(*Boston Legal*)中艾伦律师的精彩表演。艾伦要为一个被控用伟哥加硝酸甘油杀死老公的年轻女人辩护。此案对被告相当不利,死者是八十多岁的老富翁,死于因伟哥和硝酸甘油引发的心脏病,红酒杯上有被告的指纹。不利的证据还包括,两天前死者威胁要把被告从遗嘱中除名,以及被告和出轨对象聊过老公最好死于心脏病。

艾伦律师在庭审即将结束时,使出了撒手锏:

schadenfreude(幸灾乐祸),这个词源自德语的 schaden 和 freude,意思是"毁灭"和"快乐"。它的意思是把自己的快乐建立在别人的痛苦不幸之上。我们常把它归到人性的丑恶面，但是并非如此。最近斯坦福大学的一名教授在脑部扫描中发现了它的存在。这是一种生理现象，当我们看到其他人的失败，有时候大脑的背纹状体会产生一种化学物质，使我们感到愉快。你们会发现媒体和大众对被告所处的困境怀着一种难以抗拒的快感。我不怀疑你们想要被告受到惩罚，她为钱结婚，她有婚外情，她冷酷无情，不讨人喜欢，看着她进监狱也许会让你们所有人感到愉快。但是，作为裁定她谋杀罪名成立的证据，能够排除所有合理怀疑的证据就是不存在。而作出有罪裁决的唯一理由就是，schadenfreude。

这时，陪审员开始动摇。

艾伦律师无疑是一个能够洞察人类内心黑暗面的资深演员，他的结案陈词逼问陪审员的道德底线：如果我定她有罪，是因为我嫉妒她希望她去死吗？最后，陪审团做出了罪名不成立的判决。他们也觉得被告人有问题，但是无法排除合理怀疑。

著名美国律师凯文·C·麦克穆尼加尔（Kevin C. McMunigal）说过："只要人会犯错误，只要存在不完善、惰性、官僚主义、腐败、偏见、不确定因素和各种不可预见因素，我们这些发誓要保护处于不利地位的、不受欢迎的、被错误指控和不当定罪者的人，应该利用我们能运用的各种方法，也包括媒体。"

张某扣案件中的律师，显然是一个成功的演员，同时也不遗余力地利用了媒体。

律师与媒体

从某种意义上说，律师与媒体都是社会私权利制约公权力的代言人，在代表公民权利和社会理性的不同声音方面也具有很大的共性。作为权力的符号，法律在我们的生活中不应该通过粗暴手段，比如游街示众得以彰显，而应该借助大众传媒来驱散疑虑，树立权威。律师经常出现在媒体上，讨论网上发帖与寻衅滋事有什么关系，反抗强暴算不算防卫过当，对构建一个理性、法治的社会，更有正面作用。但是，律师也可能为了自己的利益操纵媒体，煽动民意，尤其是在案件审前阶段的偏向性宣传，容易对司法造成压力，对司法独立和司法公正是一种损害。

以我国2006年的许某案为例，此案中辩护律师通过媒体广泛宣传，吸引社会各界参与讨论，许某案从一个简单的案件演变成一个大案，最后获得一个相对符合当事人利益的结果，律师与媒体的互动功不可没。但反对者批评，媒体的监督难免有所偏颇、甚至会误导民众，进而影响司法判决的独立和公正。根据社会学的理论，媒体的宣传和推波助澜会形成一个多数意见，从而影响法官的潜意识，进而影响司法独立。

平心而论，就此案而言，如果说新闻泛滥可能给司法公正带来障碍，那么新闻界对某一公众事件的集体沉默才更可怕。在善意的合作中，律师和媒体同伴无疑能共同为司法公正保驾护航。

不可否认，律师的媒体宣传如同一柄双刃剑，也有其负面效应。在媒体的宣传攻势下，公众很难摆正位置，并且由于所知有限，仅凭媒体公开的一些信息，可能会产生情绪化的反应，非但不能监督司法，反而招致对司法的抵触，那么，在群情愤激下，法院是否屈从于社会舆论压力？在媒体和网络的强大力量之下，是否有新闻审判之嫌？这对司法公正和司法权威也是一种打击。

因此，在张某扣案中，作为辩护律师，写出这样一篇非典型的辩护意见，是否已经倾向于不通过司法途径，而更依赖于媒体和网络的传播，通过民意影响判决？而如此剑走偏锋的策略，即使对个案有好处，对法律和公正本身是不是一种伤害呢？

律师言论自由的边界

美国最高法院大法官哈利·安德鲁·布莱克蒙（Harry Andrew Blackmun）有句名言："言论自由与公正审判是我们文明中两种最为珍贵的东西，实在难以在二者之间取舍。"美国媒体对案件报道和评论的空间很宽，尤其是通过1976年"内布拉斯加新闻协会诉斯德特案"（Nebraska Press Association v. Stuart），美国最高法院推翻了一项强加于新闻的禁言命令，包括新闻记者不得报道案件的审理过程或某些细节的命令。因此，美国事实上废除了对媒体的"缄口令"，司法从限制媒体自由转为限制律师和检察官的言论自由。

律师的言论有多自由？回答这个问题，要平衡三种利益。因为律师言论的自由和不自由之间的问题，就是律师**维护当事人利益、公平审判理念以及公众和媒体就案件获得相关信息的权利**之间的矛盾问题。

首先不可否认，诉讼具有重要的公共利益，公众和媒体有知情权，有权获得关于诉讼的意见和事实。其次，律师的职责也体现为通过一切可能的途径包括通过媒体维护当事人的利益，当事人也可能需要律师通过媒体来促进其目标的实现。最后，公众和对方当事人需要保证审判秩序不受到媒体言论的扭曲。

据此，美国联邦最高法院在审判宣传上确立的两个重要原则兼顾了公正和自由：一是新闻界对于案件进行报道的权利非常广泛，几乎不受限制。二是对于在法院出庭的人员，法院有广泛的控制权，以保证法庭秩序和保护当事人的权利。

律师是重要的出庭人员，美国对于律师行为的限制一般通过职业规范的形式来实现，《美国律师协会职业行为示范规则》。其中相关条文规定，"如果知道或理应知道有损害审判程序的实质可能性，正在参与或已经参与某一案件的调查或者诉讼的律师不能进行有关人员期望被大众媒介传播的法院外的宣传"。话有点绕，意思就是评价律师在法庭外的言论是否适当，界定标准是这一言论有没有"损害审判程序的实质可能性"。此外，美国实务上更特别强调律师在法庭外之言论只能针对诉讼事实发表评论，而不容许超出单纯事实之意见陈述。律师发表言论的时机也受到规制，律师发表意见的案件与该案是否开庭在即或者进行到何种程度，其言论的影响力截然不同。这也就决定了律师"说什么"和"什么时候说"这两个关键问题。

当然，公诉人同样必须严防祸从口出，不能进行使得公众强化对被告人厌恶和谴责的庭外评论，除非是向公众告知公诉人的行为性质和范围以及服务于合法的执法目的所必需的言论。因为，和律师相比，公诉人的特殊身份使得他们的庭外言论更容易被公众信任。公诉人负有司法人员的职责，必须保证被告人得到程序公正，保证对其的审判是基于事实和证据，而不是舆论和情绪。公诉人的身份决定了他与被告人的对立，但是公诉人仍然要避免容易使公众对被告人产生仇恨和蔑视的言论。

担心言论自由受到影响的人发现，对当事人律师言论进行适当控制，对于公共利益并没有过多的影响。新闻界对未决案件的报道权利并没有受到限制，而非本案代理律师的言论不受限制，他们可以自由评论这些吸引眼球的案件。

我国没有采用陪审制，由专业法官来评断是非，但是法官的心证也会受到媒体或者民意的影响，甚至影响审判结果的准确性。所以参考美国的做法，在社会瞩目的重大案件上，我国执业律师的行为举止更应该遵守规则。除了达成司法公正之外，更重要的是，避免律师出于个人私利，比如提高个人知名度而伤害当事人的权益，进而损害法律的公信力。

作为法律共同体的成员，我赞赏张某扣案件代理律师的不沉默，也期待律师的媒体牌和演员牌打得更为规范。

被法官批评的律师

近日,一段法官批评律师"水平不够"的庭审直播视频在网上引起热议[1]。一起贩毒案,庭审已持续近五小时。法官风风火火,三次打断发言,要求律师抓住重点;律师不急不慢,申辩说"人命关天",需要充分发表意见,上午审不完还可以下午接着审。

且不谈此案的事实认定和法律适用是否准确,也不论法官对律师的态度、言辞是否恰当,单从情绪管理上看,这位律师的内心是强大的。尽管面对攻击和嘲讽,但他没工夫生气,他还要继续参与庭审。毕竟这里是法庭,大幕已经拉开,演出尚未结束。

律师的任务在某种程度上和演员相似,首先必须相信故事的真实性,其次绝不能因为没人捧场而偷工减料。一旦他进入案情,哪怕开始还对案件感到怀疑,他也会发现自己越来越相信自己的

---

[1] 2019年5月,一段广东省高院的庭审录像在网上引发大量关注。该法院某法官在审理一起贩卖毒品案时,连续三次打断律师发言,并强硬批评律师"水平不够,抓不住重点"。

描述。到出庭时，他早已对此确信不疑，而且他的态度是相当认真的。这使得律师在法庭上能够理直气壮、口若悬河。哪怕法官再三喊停，也无法打击律师充分辩护的热情。

实际上，在任何一个国度，律师与法官的关系都有那么一点微妙。

曾任美国总统顾问的塞缪尔·罗森曼（Samuel Rosenman）说："让我们面对这样一种令人悲伤的现实，很多时候，太多太多，美国法院的法官席都被无能之辈占据着，这些人才智平庸，在法律专业方面更是愚不可及。"而美国最高法院大法官沃伦·伯格也说过相反的话："出庭的绝大多数律师是不称职的，比如说，缺乏充分准备，缺乏适当反询问的能力、缺乏提出专家证人的能力、缺乏表达异议的能力、缺乏对问题的基本分析能力。"

律师和法官之间的互相指责在中国更为普遍。法律界有则段子，说"法官一思考，律师就发笑"。这明显是律师对某些法官专业素质不高的嘲弄。与此相对应的是，法官也压根瞧不起律师。他们的段子则说"律师一发言，法官就发笑"。这可能说明律师的法庭辩护就没什么作用。

如果出现司法腐败，法官与律师则互相指责是对方把自己拉下了水。记得几年前一位全国人大代表在审议"两高"报告时有一段发言："当事人向法官行贿送礼，一般情况下法官都不敢收，但是律师就不同了，借助律师这层关系，很多法官都被拉下马，坏事儿的都是这些存心不良的律师。"这段话被某报记者冠以"坏事儿的都是存心不良的律师"的大字标题，经多家媒体及网络广泛传播，中国律师群体的形象被置于舆论评议之中，一时骂声此起彼伏。此话后来被澄清为断章取义，但确实让律师和法官之间的关系更为微妙。

美国律师罗伊·科恩（Roy Cohn）曾经有一句名言："只要我认识法官，我就不在乎对手是否懂法。"现在大多数律师都不那么直接，但是他们常常对当事人暗示，律师与法官的亲疏远近将决定当事人的命运。问题在于，他们可能是对的，至少某些法官是这样。"认识的法官越多，律师就越好"这一观点长盛不衰。当事人自然要寻找有影响力的律师，认为他可以带来更好的诉讼结果。初出茅庐的年轻律师发现，备受同行和客户推崇的是那些和法官们熟络的人，这不能不让人心灰意冷。

视频里出现的这位律师，和法官并不熟络。我倒是很想站在他的角度，感受一下律师承担的压力。

作为一个律师，你有没有健康的体魄来承受长期不间断的身体疲劳？承受长期的案牍劳形以及不眠之夜后站在法庭上的无休止的轮番轰炸？你有没有强大的内心承受失败颜面扫地，比如法官一再说你"水平不够"？承受有罪判决即使你深信你的当事人是无罪的并且你是他唯一的希望？

即使是律师，所谓情感抽离的专业人士，也经常发现自己陷入诉讼带来的紧张情绪里。一位出庭律师对心理医生说："我晚上做梦都是手里的案件，即使案件已经了结，胜负已成定局，我还是会梦到它，直到下一个案件出现。如果要出庭，我不能吃早餐，即使吃了我也会吐出来。"即使没读过弗洛伊德，我们也知道，他工作压力太大了。

高度紧张和大量精力的投入使得律师体能和心理消耗巨大。

尤其是刑事案件，关系到生命和自由。律师的噩梦和医生一样，竭尽所能的手术可能救不了病人，律师即使做了最充分的准备，仍可能给当事人带来不利后果。**刑事律师一生大部分时候都生活在失败之中，因为当事人大部分时候都被送进了监狱。**而且并不是每个当事人都能那么淡定地表示理解："我并不奢望赢，我只是输也要输得明明白白。"所以很多刑事律师说他们的梦想就是为当事人获得一个无罪判决，但这往往可遇不可求。

律师中间大有良善之辈，天长日久中对法律习以为常，就像急诊室的医生对生死习以为常一样，他们天天面对无数的当事人，反复告诫自己需要抽离不能投入感情。因此他们慢慢变得具有攻击性，更加不友好，更加精确，更加没有耐心。他们都被训练得多疑，永远不能相信别人说的表面上看起来是怎样的事情，但往往如此冷漠才能在律师行业坚持下去。

难怪梅伯恩勋爵说，我所见过的律师都具有相似的风格：难打交道、冷漠、疑心重重，喜欢挖苦和冷嘲热讽。据说他们熟知人性最丑恶的一面，精通世间最难以置信的交易，他们对尔虞我诈司空见惯，以至于无法相信任何人。[1]

压力之下的律师不得不为自己建起心灵的外壳，以抵御暴风骤雨的外部世界。他的执业生涯是一场接一场的考试，而结果未必正确。

所以，恰如资深律师建议的那样，如果没有准备好让自己的一生都要经受考验，那就换份工作吧。

---

[1] ［美］马丁·梅耶:《美国律师》，胡显耀译，江苏人民出版社，2001年，第1页。

律师不是完美的职业,但不可替代

作为一个法律人,我在大学的时候就被老师告诫:要理性,不要高估你的工作,尤其是律师,你将会不可避免地对自己、对职业失望。时至今日,我做了老师,每当学生毕业时跟我探讨是否该选择律师作为职业,我也不忘打个预防针:记住,没有一种职业是完美的。

我们知道,作为律师,可以帮助人们亲身体验到法律的适用。律师可以为任何人服务,在非诉业务中通过律师的文案工作实现,在诉讼中则是通过双方的博弈和有效辩护实现。律师服务的边界在于,只要你的咨询和代理,是基于案件事实的,是合乎规范的,即使当事人是有罪的,律师的服务也是无罪的。

正如林某青律师涉嫌诈骗、敲诈勒索案的辩护意见所述,林某青为当事人提供的法律服务行为,是任何一个企业法律顾问都会从事的行为,比如,代表企业到派出所参与调解、为企业代书诉状、代表企业应诉。

但是为什么现在林某青会面临口诛笔伐,比如有人说她"已经参与到套路贷流程中去了",又比如"律师为罪犯辩护,不等于说律师可以不要脸,没有底线,和罪犯共谋然后甩锅"?真实原因就是,人们事后发现你为坏人提供了服务,高质量的服务。虽说坏人也有权获得法律服务,但这并不妨碍人们迁怒于你。

普通人对律师的印象来自影视剧。法庭场面相当戏剧化,出庭律师个个像斗士,雄辩滔滔,为了当事人的利益,与对方互不相让、一较高下,过程与结果都充满悬念。而正义是否得到了实现,则不那么肯定。美国律师查理斯·柯蒂斯曾说:"我不明白为什么我们不应最终站出来直言不讳地声称,律师的职能之一是为他的当事人撒谎。"艾伦·德肖微茨在《最好的辩护》(*Best Defense*)中谈道:"被告的辩护律师,特别是在为确实有罪的被告辩护时,他的工作就是利用一切合法的手段来隐瞒'全部事实'。"

所以按照世故的说法,律师只是一个实现当事人诉求的专业工具,他只有两种责任:针对当事人行为的法律后果提出意见;执行当事人所做的任何决定,只要它是合法的。你无须去关心正义或者法律制度的良好运作。根据这个观点,一个好律师当然有可能是一个坏人,帮助当事人获得不义之财,利用雄辩扭曲事实,只要这样做不违法且能符合当事人的最大利益。

这引来的是社会大众对律师职业的强烈不满和猛烈的攻击。律师就处于这样尴尬的夹缝之中。**对律师而言,法律可以利用,它只是一种工具、一种制度、一种需要专业技巧的游戏。**当事人的利益可能存在种种不端,但接受了当事人的委托,他们的职责所在就是尽力维护当事人的利益。他们只不过是法律服务的提供者而已。

除了社会大众，连专业人士也加入了批判的行列。耶鲁大学法学院前院长克朗曼（Kronman）在《消失的法律人》(*The Lost Lawyer*)一书中痛斥，刑事律师不断寻找法律程序的漏洞以使他们的当事人逃避法律的惩罚，而实际上他们非常清楚当事人就是真正的罪犯——所有这些恶行都在"权利与公正"的幌子下进行。

根据克朗曼的分析，人们基于许多理由选择法律作为一门职业，有的为了钱，有的为了名誉，有的为了权力。除了这些外在目标之外，大部分律师也希望其工作本身是令人满意和骄傲的。但是现在这种观念已经动摇了，虽然律师的金钱收入不菲，但是其职业自信的核心却受到严重的打击。正如古希腊一句格言指出的那样，人通常被对事物的看法，而不是被事物本身所困扰。

克朗曼指出，这个危机的产生是因为古老价值的丧失。早期的美国律师认为，他们最高的目标是获得智慧，超越技术，他们理解的这种智慧是一种品格，律师可以自信地认为其工作本身也有其内在价值。但是现在这个理想已经崩溃了，所以靠它维系的职业自信也跟着倒塌。

律师的工具化，是职业自信衰退的原因之一。律师职业如果本身没有特殊性质，那么也就是一种谋生方式，唯一的区别是，它比其他行业可以获得更高的物质报酬。事实上，如果一个人只是为了赚钱生活，就很难在他的工作中找到内在价值。一个人要具有敬业精神，一定是因为他热爱他的工作，而他会热爱工作的原因，一定是因为他在工作中找到意义和价值。这就是克朗曼所谓的成就感，成就感会让人产生尊严，也让职业和生命产生意义。

如果人们做律师仅仅是为了挣钱，不顾律师工作本身捍卫正义的内在价值，就会使得这个行业蒙羞。现代律师可能的负面形象，正是因为这个职业不再像过去那样强调公平和正义。尤其当律师所代表的"非正义"获得胜利时人们更能感到自己受到愚弄，不仅被律师愚弄，也被法律愚弄。当人们本来认为好好的法律却成了律师混淆是非、颠倒黑白工具时，法律很少被责怪，但律师却可以当成责怪的对象。这是人类一种普遍的心态，人们在遇到困难问题时总会寻找一个可以承担责任的对象，尽管该对象可能是无辜的。

所以克朗曼理想中的律师应当是一个好人，不仅仅具有经验和技术，更重要的是理想的品格。律师一定会面临道德冲突的情景，因为他一方面必须尽力争取当事人的利益，一方面必须维护法律的尊严和价值，当两者发生冲突而无法同时实现，律师就会陷入道德责任的两难困境。

在这种时刻，律师应当怎么办？克朗曼认为，真正的挑战不是克服两难，而是抵制"当事人利益至上"的观点。律师常常缺乏维护社会正义的动力，除非客户的全部要求恰好都符合公益与道德。能够抵制这种诱惑是一种勇气，一个勇敢的律师在从事他认为对的时候，必须准备冒险：为了法律本身的利益，得罪当事人，减少收入。

不得不承认，在现实中，这种主张过于理想主义。目前国内最热门的专业之一是法律，学生选择这个学科的原因，绝大多数是因为这个专业将来的"钱途"可观。我们的教育，尤其是高等教育，重心仍然是知识和技术。所以将来会做律师的人，未必能真正理解这门职业。

我会告诉我的学生,如果你做律师,你可能会面临很多诱惑,也可能对这个职业失望,因为在有的案件中,正义并没有得到实现。但这并不是你的错,**法律事业本身就是一个不断试错的过程,只要这个为自由、正义和其他一切值得追求的事物而不断试错的过程永不停歇,理想就不会落空。**更何况大多数案件都不是非黑即白,即使在"铁案"里也都存在着周旋余地。而律师的职责之所在,就是要在法律和道德允许的范围内全力以赴地维护当事人的利益。

完美的法律服务本身没有错,虽然这种完美可能是形式主义的,让人痛苦;从长远来看,失败了的个案正义,可以在本案之外,促进整个法制层面的发展;而某一个案件中正义的体无完肤,是它修成正果之前要经历的八十一难。

何况正义是很难说清的概念,如博登海默(Bodenheimer)所说:"正义有着一张普洛透斯似的脸(a Protean face),变幻无常、随时可呈现不同形状并具有极不相同的面貌。当我们仔细查看这张脸并试图解开隐藏表面背后的秘密时,我们往往会深感迷惑。"所以,要问律师是正义的使者或是魔鬼的代言,已没有多少意义。这不是一种完美的职业,从某种程度上说,律师不受欢迎恰恰反映了这个职业的不可替代。

正如牛虻总是不停地追逐着牛,让它从沉睡中惊醒;斗鱼撕咬着同类,延续了它们的生机;律师也在叫卖法律,通过这种生计,使法律制度充满了活力,更为完善。

死亡敲门与造雨者

MU5735[1]牵动着无数人的心。人们关心那一个个鲜活的生命，那一天、那个航班、那些人，他们经历了什么？2022年3月22日13时，《每日人物》发布报道《MU5735航班上的人们》，采访联系到多位遇难者的同事好友，书写了"背后的故事"。报道瞬间刷屏。结尾是这样的："救援人员在失事现场支起帐篷。一夜过去，雨没来，伤者也没来"。很难不被这个结尾打动落泪。

然而这篇文章也引发了巨大的争议。有人批评记者违反新闻伦理道德，作为采访灾难事件的"死亡敲门人"，对失联者家属进行了悲痛侵扰。批评者说，在重大突发灾难事件之后，"快新闻"更应该体现在事故救援报道上，而不是在故事化的"软新闻"上。但也有人支持这种书写，因为灾难新闻不能只有零度情感的科普，

---

1 指"3·21"东航MU5735航空器飞行事故，2022年3月21日下午，该班机自昆明飞往广州，飞机在被监测到快速下降及失联后于当日14时22分左右在广西一处山林坠毁。

还应当报道人们的哀痛和共情，这也是推动原因调查、追责、善后和隐患排查纠正的重要动力。

灾难事故后的两路人马

我不从事新闻行业，但我知道我的律师同行们也经常遭受这种批评。据说，一旦发生重大灾难事故或是有轰动效应的案件，两路人马必定以最快的速度奔赴现场——一路是"长枪短炮"的媒体，另一路是"闻利起舞"的律师。

美国人因此常常讽刺律师是"救护车追逐者"（Ambulance Chaser）。其来源在于，在佛罗里达州曾有一位过于积极开展业务的律师。为了招揽车祸案件，他不仅在医院门外停泊一辆业务宣传车，还监听警方通信系统，一旦得到车祸报警就和警察同时出动，甚至跟随着救护车赶到医院，目的就是说服受伤者或其家属成为他的客户。后来佛州法院裁定律师的这种劝诱方法不当。从此，人们就把那些为招徕业务手段激进的律师称为"救护车追逐者"。

如果看过电影《造雨人》（*The Rainmaker*），就更能理解这种描述。法学院毕业生鲁迪毕业来到了律师事务所，憧憬着正义理想，但法律职场中的种种阴暗却让他心灰意冷——交通事故发生后，律师们像苍蝇一样追逐着救护车，向血肉模糊的伤者分发名片；他们瞅准每一个间隙窥探病房，向正在接受治疗、奄奄一息的病人推销自己。天空本来没有雨，是那些唯利是图的律师给晴天带来了阴雨，他们是造雨人。

的确，律师与媒体都容易招致这样的批评。作为不速之客，他们的介入可能会加深已经遭受不幸的家庭的痛苦，甚至侵犯受害人的隐私。通过此起彼伏的电话、接二连三的拜访、没有诚意的问候、招人厌恶的窥视，记者的目的是完成报道任务，细节越多越好；律师的目的是代理案件，赚到更多的知名度和钱。

因此，新闻有新闻的伦理，对于灾难或凶案报道，要求记者慎之又慎，对受害者及其家庭抱有同理心，不在第一时间直击其伤口，而为其消化创伤情绪留有足够的私密空间。与此同理，美国联邦最高法院也要求各州采取积极措施防止民众被律师当面不当劝诱。

虽然案发之后，律师赶到现场的目的是告知受害人的正当权利和律师可以提供的服务，这属于行使言论自由的权利。美国宪法第一修正案捍卫的就是言论自由。英国作家奥威尔（George Orwell）曾经说，自由，至少意味着这样的权利：别人不想听，你照样可以说。所以，作为律师，应该有权介绍。但美国联邦最高法院的大法官们考虑到了问题的另一个角度，不幸事件发生后的当面劝诱会增加受害人的压力。本身处于困境之中的当事人，很容易受到专业人士的影响，而且此时的法律建议显得紧迫性十足，往往会让他们迅速作出并不明智的决策。

弱势群体的保护者

人们当然可以嘲讽那些追逐救护车的人，但这就能成为禁止记者直面新闻核心或是反对律师告知受害人其正当权利的理由吗？对照上文的"救护车追逐者"，美国另有一个真实案例。

一个五岁的小女孩遭遇车祸，伤势严重。事故发生后，肇事者保险公司的调解员到被害人家里拜访。他告诉孩子的母亲，没有必要请律师，请律师费用太贵，他们公司会在孩子出院后主动着手解决赔偿问题。如果到时候对结果不满意，可以再找律师并且诉诸诉讼。女孩的伤势因为太过严重，需要长期住院治疗。在这段时间内，那名保险公司的职员仍然与其母亲保持定时联系。但是，在女孩治疗到最后阶段，她却联系不上保险公司了。最后，她不得不委托一名律师，律师发现保险公司已利用诉讼时效躲过了巨额赔偿。

孩子的母亲只受过小学教育，不管是她的社会地位还是教育水平，都不可能让她明白诉讼时效。此时人们才得以理解，如果没有那些追逐救护车的人，像她这样手无寸铁之人将无从使用法律武器捍卫自己的利益。

从这个案例我们也得以明白，为什么保险公司、大企业和某些机构尤其不喜欢那些"救护车追逐者"。他们自己有法律常识，聘请了最精英的法律顾问，同时却想方设法阻止受害人和其家人获得律师帮助。他们会赶在律师之前派出顾问与受害人或其家属周旋，以期用最少的钱让被害人放弃诉讼。

而在更大的案件中，他们会想办法让案件长时间地拖延下去。即使一审胜诉，大公司还会胁迫被害人接受较低的赔偿，因为上诉的过程可能被拖得很长，耗费大量的时间和金钱。甚至还会有一种风险，如果没有律师的保护，个人提起索赔可能被认定为敲诈勒索，"结石宝宝"的父亲郭某敲诈勒索施恩公司案就是个血淋淋的例子。

事实上，最后与保险公司、大企业和某些机构周旋的都是律师，律师使得弱小的原告可以和那些"庞然大物"在一个平台上对抗。他们确实要收取不菲的费用，但这就成了原罪吗？1998年美国烟草公司败诉后，25年内需赔偿2460亿美元作为对肺癌吸烟者的补偿，其中律师费高达100亿美元。无利不早起，尽管这些律师为利益所驱动，但是他们的作用却是非凡的，他们成了弱者的最后维护者。正是这种方式保障了许多贫穷的受害人有机会请到最好的律师代理案件。

此类诉讼和赔偿也许对某些利益集团不利，却有利于司法和社会。比如，车祸案件曾被律师视为高额赔偿的生财之道，厂家的安全意识也因为数度高额赔偿而得到加强，汽车安全措施日益完美，整个社会都因此受益。在客机坠毁案件中，如调查证明存在过错，航空公司、飞机制造商和发动机制造商等多个主体都有可能成为赔偿责任的主体，旅客可以提起惩罚性赔偿，这也会倒逼航空安全系数的提高。因此，当弱势群体向强势群体提起诉讼的时候，对于社会的公平和进步的推动具有重要意义。当然，过度诉讼会变成社会发展的负担，但这种行为完全可以通过合理的规则加以控制，前提是这些规则能够保持中立，既不偏袒弱势群体，也不倾向强势群体。

为权利而战

德国法学家耶林（Rudolf von Jhering）说，为权利而斗争是权利人对自己的义务，也是对全社会的义务。**人不仅是一种生命的存在，更是一种道德存在，道德存在的条件是权利**，而"权利的前提就在于时刻准备着去主张权利"，那种"不争"的处世观是懒怠的道德。如果忍受痛苦而不采取行动，长此以往便会对是非感麻木不仁。在法治中国的当下，法律也应当鼓励民众去行使权利，为权利而斗争，而不是相反。

遗憾的是，迄今为止，我们还没有代表性的索赔案例。强势群体侵权行为的受害人往往接受"私了"甚至忍气吞声，而不是走向法庭。或许，在国人的心目中，食品安全、出行安全不能靠自己，还是要靠政府，这说到底仍旧是一种心理惰性。

其实国人不行使权利的重要原因还在于维权的成本过高。若没有一批专业代表挑战大型公司的维权律师，单凭个人力量几乎很难扳倒这些大型公司。也因此，在此类案件中，专业律师的介入就会非常必要。在诸如飞机空难、环境污染等集体性诉讼中，因为涉及专业的法律制度，以及专业的证据和事实认定，这些都非普通个人能够掌控和面对。其次是当事双方地位的高度不对等，与单个的受害人相比，大型公司无论在资本、信息以及社会影响力等方面都存在绝对的优势。在这种不对等的博弈中，除非有顽强而专业的律师的帮助，否则很难指望在复杂的司法游戏中受害方能得到公正的对待。

再回到新闻媒体。与那些被讥讽为"救护车追逐者"的律师一样，报道灾难就是新闻人的本职工作。记者蜂拥至灾难现场可能会影响救援，但对于专业记者而言，这种事情发生的概率很小。记者会选择愿意接受采访的受难者家属进行采访，了解受难者的情况，这就是其工作的必要组成。在灾难发生后，了解"死了谁"是第一步，也是不可或缺的一步。如果人们能够被受害者的故事打动，进而就会推动事件的调查。从传播学上来说，"逝者的形象越具体越任性，就越能激起社会反思灾难的冲动和欲望"。

相反，如果在"博眼球"的轻蔑下，在"吃人血馒头"的质疑中，越来越多的律师和记者选择精致地围观，安全地评论，得体地离开，其结果就是逝者轻易被遗忘，真相再无人探究，灾难再无人追问和反思，"死亡敲门人"和"造雨者"都成为稀缺。或许也正是这种稀缺才使得《MU5735航班上的人们》在2022年3月22日13时瞬间刷屏。致敬真相挖掘者和为权利而战的人，尽管他们和他们的作品注定并不完美。

后 记

这本书主要收录的是我在2022年写的文章，多数发表在澎湃新闻"法治的细节"专栏和凤凰网公众号"风声"栏目。结集成册的原因，可能是一种偏见：网络文章刷过就忘，来不及反驳；出版纸质版，增加了可读性，读者可做片刻思量。

文章多是针对社会热点事件的法律评论，比如江某案一审判决、寻亲男孩刘某州之死、符某涛被拐案中养父母的法律责任、罕见病患儿的毒贩父母、《开端》中锅姨的无差别杀人、徐州丰县八孩女事件、吴某宇弑母案、杭州许某立杀妻碎尸案、唐山烧烤店寻衅滋事案等，这些引发热议的事件，才过去数月就已经淡出人们的记忆，所以它必须被书写，也值得被书写，我们如果不能从中获得些什么，就辜负了事件本身。

写作有什么用呢？有作家说，写作最激动人心的意义，是对时间的克服。而关于热点事件的法律公共写作，既是一种法治历程的记录，又是一种法治精神的传递，同时还可以对抗虚无，也就是回答"你写这些有什么用"。关于有什么用，我的导师何家弘教授，即使年逾七十，不懂什么是流量和弹幕，仍尝试着在B站讲解那些年代久远却意义重大的冤假错案，试图向年轻人普及法治观念，诚如我导所言，"我们只能一点一点，让愿意按照法治精神做事的人越来越多"。

相比于时事评论，法律公共写作更加局限，因为论述的重点在法律专业领域。从前是国家不幸诗家幸，如今诗家写作的空间也越来越逼仄。必须承认，从法律角度去评论一个新闻热点事件，常常有无力感，在无力地围观后只能无力地离去，回避了事件的本质和悲伤的根源。人与人之间的暴力，在法律评论中被浓缩为犯罪嫌疑人与被害人的冲突、犯罪行为与刑事法律之间的冲突，那些暗藏的城乡差距、贫富差距、阶层鸿沟、性别不公等非法律因素，在很大程度上被选择性忽视，这本是法律提高效率节省成本之举。如果仅仅是唯一的法律视角，放弃伦理的救赎与反思，那就会让社会失去一个自省并改进的机会。我们这些学法律的人需要警惕的是，不要迷失在各种抽象的概念里，那些惯例程序术语会把法律人与寻求正义的人们分开。边沁说，你如果愿意做哲学家尽管做，但你仍然要做一个人。法律人也是一样，不管如何专注于法律，仍然要做一个人。

我的写作离不开几位同行好友的督促。十几年前当我们都是法大"青椒"的时候曾经组建过一个读书会，发起人是罗翔老师，常驻成员有我、赵宏、李红勃，偶尔外交学院的施展也会来参加。大家都拼命读最难懂的书，以为这样就可以对抗各自的焦虑，不过这只是安慰剂。后来圆桌散去，友谊还在，罗老师又循循善诱地拉我们集体写作。赵宏老师十分擅长管理，但凡她给我安排了写作任务，我就不敢在任何有她的群里扯闲篇儿，因为她一旦发现就会马上问："你写完了吗？"如果没有她这种直击灵魂的追问，我可能也就完成本书中文章的十之二三，剩下的那些都是她督促的功劳。赵老师家有天才琴童，我怀疑她是把管理琴童的方法用到了我这样的人身上。

我的文章立场大多温和偏保守，比如谈到美国的罗伊案，尽管堕胎权是女性权利国家无须代劳，但我也认同，如果美国最高法院当年用更温和的态度与立法机构展开对话，似乎可以走向更自由的地方，而不至于让堕胎权成为两党之间的死结。又如谈到我国法律对于女性的保护，虽然我支持加大对拐卖妇女儿童罪的惩治力度，但我也反对女性的保护处处都有一个刻板的假设：女性需要被指导，需要被看护。其实平等才是女性权利最可靠的宪法基础。

丘吉尔说，三十岁之前不是自由主义者，那是没有良心；三十岁之后不是保守主义者，那是没有脑子。我不完全同意这个说法，但我确实体会到，三十岁或者年纪更长，比起二十岁的年纪时，看同样的人和事，感受是不同的。

不过在某些问题上，我仍然态度鲜明从未改变，比如我相信比起无原则地迎合大多数人的意见，直面现实说出不受欢迎的结论，更能体现出对民众的尊重。因此，我会支持为坏人辩护，即使为了扫黑除恶也要尊重程序，即使是罪大恶极的死刑犯也应当依法审判，尊重时效哪怕凶手可能因此逍遥法外。与此同时，我也反对律师不当利用媒体力量给司法施加压力，哪怕是出于正义的目的。因为没有一种武器只伤害别人不伤害自己。

被批评不可避免，有时候也会遭遇一些无端的指责。当我处于一种宽容的心态中，我会想，这些批评者也许是在别处感受到不公和恶意，所以才把不满发泄到一篇立场并不那么偏激的文章上。直到我家小朋友把我们写作小组包括罗翔老师一并评价为"喷子"之后，我才意识到我们并不无辜。

"喷子"这个评价倒也贴切，我们写的大多数评论意见属于"喷"法治现状。对某些人来说，是典型的坏消息，是不受欢迎的结论，属于人家不爱听什么就说什么，心情好的时候知道你是为他好，心情不好的时候最反感这样不客气地指出缺点，还非要认真纠正错误。花剌子模的故事我是知道的，国王听到不好的消息，是要把信使喂老虎的。澎湃新闻最近因报道三亚疫情被《海南日报》怒怼，可能也正是中了花剌子模信使的魔咒，人家生你气太正常不过了。因为懂得，所以淡定，信使的宿命就是如此，只要不砍头，骂几句又有什么关系呢？

我在中国人民大学法学院学习了十年法律，又在中国政法大学做了二十年老师，我经常笑称所至之处都是5A景区。这些法律评论文章发表之后，常常收到学生的反馈。比如，二十年前我刚刚站上讲台，叫我神仙姐姐的学生现在还会发来微信说："陈老最近好勤奋，加油。"我善意地认为他少打了一个"师"字。还有一个同学留言说："老师啊，现在还有耐心这么讲道理的人真少，你要坚持。"

这些反馈使我想起秦晖教授在他的一篇文章中提出了"小共同体"的概念，认为小共同体在防止大共同体（比如专制王权）对于个人权利的侵犯过程中起了很重要的作用。在英美法律中就有这样的例子，柯克爵士面对詹姆斯一世说出慷慨激昂的话："陛下你在万人之上，但你在上帝和法律之下。"那是因为在他身后正是英国强大的法律共同体。法律共同体与国王势力的抗争，正是英格兰法治形成的重要因素。我不知道我们的法律共同体是由哪些人构成，但是套用王小波一句充满诗意的话，所有相信法治精神的人，你的勇气和我的勇气加在一起，对付这个世界足够了吧？答案是不够，所以换句更朴素的话：我们都受限于我们无可奈何的时代性中，与此同时，我们或许也是这种时代性的不知情的作者，所以假如我们可以改写我们的时代性呢？

最后，我邀请大家作为独立的个体，行使充分的自由来检视我的观点。现代心理学认为，人群中多数人都不知如何自我实现，且非常容易受到影响，愿意追随那些言之凿凿又充满影响力的人，而不愿意自己做出决定和判断，通过偶像的观点，他们实现了免于自由的自由。对于这一点，马斯洛、陀思妥耶夫斯基和弗洛姆得出了同样的观点。这显然又是一个花剌子模的坏结论，我也只是一个信使。总之，我的法律观点实在没有太多的煽动性，也很少言之凿凿，即便如此，我也恳请大家不要轻信，要怀疑，要思考。

正义的回响

作者_陈碧

产品经理_张晨　装帧设计_董歆昱　内文排版_吴偲靓　产品总监_应凡
技术编辑_顾逸飞　责任印制_刘淼　出品人_吴畏

营销团队_毛婷 孙烨 石敏 郭敏

果麦
www.guomai.cn

以 微 小 的 力 量 推 动 文 明

图书在版编目（CIP）数据

正义的回响/陈碧著. -- 昆明：云南人民出版社，2022.11（2023.11 重印）

ISBN 978-7-222-21230-5

Ⅰ.①正… Ⅱ.①陈… Ⅲ.①法律—随笔—中国—文集 Ⅳ.① D92-53

中国版本图书馆 CIP 数据核字 (2022) 第 198525 号

责任编辑：刘　娟
责任校对：和晓玲
责任印制：马文杰

正义的回响
ZHENGYI DE HUIXIANG

陈　碧　著

出　版	云南出版集团　云南人民出版社
发　行	云南人民出版社
社　址	昆明市环城西路 609 号
邮　编	650034
网　址	www.ynpph.com.cn
E-mail	ynrms@sina.com
开　本	880mm×1230mm　1/32
印　张	7.5
字　数	170 千字
版　次	2022 年 11 月第 1 版　2023 年 11 月第 6 次印刷
印　刷	北京盛通印刷股份有限公司
书　号	ISBN 978-7-222-21230-5
定　价	49.80 元

版权所有 侵权必究
如发现印装质量问题，影响阅读，请联系 021-64386496 调换。